Historische Blumen

Brigitte Wachsmuth

HISTORISCHE BLUMEN

Sorten – Anbau – Geschichten

FÜR DIE SCHWABENVERLAG AG IST NACHHALTIGKEIT EIN WICHTIGER MASSSTAB IHRES HANDELNS. WIR ACHTEN DAHER AUF DEN EINSATZ UMWELTSCHONENDER RESSOURCEN UND MATERIALIEN. DIESES BUCH WURDE AUF FSC®-ZERTIFIZIERTEM PAPIER GEDRUCKT. FSC (FOREST STEWARDSHIP COUNCIL®) IST EINE NICHT STAATLICHE, GEMEINNÜTZIGE ORGANISATION, DIE SICH FÜR EINE ÖKOLOGISCHE UND SOZIAL VERANTWORTLICHE NUTZUNG DER WÄLDER UNSERER ERDE EINSETZT.

BIBLIOGRAFISCHE INFORMATION DER DEUTSCHEN NATIONALBIBLIOTHEK
DIE DEUTSCHE NATIONALBIBLIOTHEK VERZEICHNET DIESE PUBLIKATION IN DER DEUTSCHEN NATIONALBIBLIOGRAFIE; DETAILLIERTE BIBLIOGRAFISCHE DATEN SIND IM INTERNET ÜBER HTTP://DNB.D-NB.DE ABRUFBAR.

© 2011 BY JAN THORBECKE VERLAG DER SCHWABENVERLAG AG, OSTFILDERN
WWW.THORBECKE.DE · INFO@THORBECKE.DE

GESTALTUNG: FINKEN & BUMILLER, SASKIA BANNASCH
ABBILDUNG AUF DEM SCHUTZUMSCHLAG: ANDREAS KÜHLKEN/MEDIENFABRIK
DRUCK: HIMMER AG, AUGSBURG
HERGESTELLT IN DEUTSCHLAND
ISBN 978-3-7995-3571-7

INHALT

VORWORT

Die Beschäftigung mit historischen Gartenblumen liegt im Zug unserer Zeit. Wie sehr, konnten wir bei der Ausstellung „Aurikel, eine lebende Antiquität" in Weimar erleben. Die Ausstellung fand regen Zuspruch, wurden doch ältere Besucher an eine Blume und deren besonderen Duft aus ihrer Kindheit erinnert. Die aus der Mode geratene alte Gartenblume, die Aurikel, habe durch die Gartendirektion der Stiftung Weimarer Klassik in Deutschland wieder eine Heimstatt gefunden, urteilte Brigitte Wachsmuth damals in ihrem Buch über die Aurikel.

Alte Gärten und Parkanlagen, wie ich sie für die Stiftung Weimarer Klassik betreut habe, sind ein wertvolles Kulturgut, dessen Erhaltung immer mehr Menschen am Herzen liegt. Dabei geht es nicht nur um die Gartenarchitektur, sondern auch um die Blumensorten: Zu originalgetreu rekonstruierten und restaurierten Gebäuden und Denkmälern gehört auch der jeweiligen Zeitepoche entsprechender Blumenschmuck. Die Vielfalt der Blumensorten ist selbst ein Kulturgut, hatte doch in früheren Jahrhunderten Blumenzüchtung und -kultur, die Blumistik, einen hohen Stand. Von Aurikeln, Nelken, Veilchen oder Pelargonien wurden hunderte Sorten kultiviert.

In alten Bibliotheken finden sich darüber Aufzeichnungen wie auch Darstellungen in prächtig illustrierten Bildbänden. Brigitte Wachsmuth hat sich seit über zwei Jahrzehnten mit dem Studium dieser Quellen befasst und sich dabei ein umfassendes Bild von Blumensortiment und Blumenmoden vergangener Zeiten angeeignet. Dabei ist sie aber keinesfalls nur Theoretikerin, sondern hat im eigenen Garten die meisten der in diesem Buch beschriebenen Sorten selbst kultiviert.

Mit diesem Buch über historische Blumensorten füllt Brigitte Wachsmuth daher eine Lücke, die nicht nur von Gartendenkmalpflegern, sondern auch von historisch interessierten Blumenfreunden empfunden wurde: Hinweise für den Blumenfreund, der selbst historische Blumensorten in seinem Garten ziehen will, sich aber auch für deren Geschichte interessiert, gab es bisher in der Literatur nur vereinzelt. Während das Buch von Heinz-Dieter Krausch „Kaiserkron und Päonien rot ..." sich mit der Entdeckung und Einführung unserer Blumensorten beschäftigt, geht das vorliegende Buch detaillierter auf die Arten und Sorten ein, die in den verschiedenen Epochen verwendet wurden, und stellt dabei ausgesprochene Modepflanzen vor, sowie Sorten, deren Kultur auch heute noch lohnt. Es ist eine praktische Fundgrube für den Gartenfreund, erzählt aber zugleich lebhaft und unterhaltsam die Geschichte der Gartenkultur in Deutschland, deren Spuren die Autorin bis nach England, ins Mutterland der Gartenkultur, aber auch nach Frankreich oder Amerika verfolgt. Es bietet damit eine wunderbare Lektüre für die Ruhezeit im Garten.

✦ Es könnte die Frage gestellt werden, weshalb es lohnt, sich heute noch mich alten Blumenformen zu befassen, da es doch viele Neueinführungen und Neuzüchtungen gibt. Sprechen die historischen Sorten die heutigen Blumenfreunde an? Dies kann aus Erfahrung bejaht werden. Neuheiten werden meist auf Blütengröße, intensive Farbe und kompakte Form gezüchtet, dem stehen jedoch Duft, Reichblütigkeit, sparriger Wuchs und Dauerhaftigkeit der alten Formen gegenüber.

✦ Das Buch ermuntert seine Leser, mit wachen Augen Pflanzen und Pflanzungen zu beobachten, sie richtig in Zeit und Züchtungsgeschichte einzuordnen und vielleicht eigene Versuche anzustellen. Der Autorin gilt mein Dank, dass sie dieses wichtige Thema aufgegriffen hat.

Jürgen Jäger
GARTENDIREKTOR I. R. DER STIFTUNG WEIMARER KLASSIK

RECHTS Der Kupferstich von Henne zeigt einen Garten von etwa 1800 – der englische Landschaftsgartenstil ist mit Blumenbeet und Aurikeltheater harmonisch vereint

ISTORISCHE PFLANZEN- SORTEN UND IHRE MODEN

Blumengärten, Ziergärten überhaupt, sind in unseren Breiten erst spät zu Ehren gekommen. In den Klostergärten des Mittelalters standen keineswegs die Blumen im Mittelpunkt, sondern Nutzpflanzen, insbesondere die Heilkräuter. Manches Kraut wurde wegen seines Symbolwerts gezogen, Heilkraft hin oder her, wie die Marienblumen Madonnenlilie oder Akelei, unbestreitbar auch ohne symbolische Bedeutung eine Augenweide. Und so war bereits im Nutzgarten der Keim des Lustgärtleins verborgen. Die Renaissance dann verband die Blumenliebe mit der Liebe zur Erforschung der Welt. Der Blumenfreund und der Botaniker waren ein und dieselbe Person. Die Reichen und Mächtigen hingegen entschieden sich zunächst für eine einzige Lieblingsblume: die Nelke – möglicherweise weil sie, wie so manches andere Gute zu jener Zeit, aus dem Süden, aus der arabischen Welt kam, Weltläufigkeit, Offenheit für das Neue symbolisierte.

Die Blumenmanien schließlich entstanden im Barock. In der ersten Hälfte des 17. Jahrhunderts wurden die Niederlande erschüttert von der Tulpenmanie, die allerdings weniger durch die Leidenschaft für die Blume als durch den Wunsch, mit ihr Geld zu verdienen, motiviert war. Fürsten andererseits stürzten sich in immense Kosten, um den Bestand ihrer Gärten in illustrierten Blumenbüchern, den Florilegien, für die Nachwelt festzuhalten, und ihre Gärtner sammelten jede Variante einer Gartenblume, manchmal Hunderte, dazu Exoten und Abnormitäten. Lieblingsblumen dieser Zeit waren vor allem jene Pflanzen, die durch Zucht bereits eine enorme Sortenfülle entfaltet hatten: Nelken, Tulpen, Hyazinthen, dazu noch Anemonen, Ranunkeln und Aurikeln.

Im 18. Jahrhundert übernahmen bürgerliche Gärtner diese Vorlieben des Adels, führten sie fort und reduzierten sie auf ein erträgliches Maß, ja übten bereits Kritik an gewissen Übertreibungen. Ein französischer Autor prägt für die eigene Nelkenleidenschaft in milder Selbstironie den Begriff *Fleurimanie*, und der Autor einer Abhandlung über Aurikeln wählt das Motto *Chacun a sa marotte (»Jeder hat seine Marotte«)*. Die Liebhaber jener Zeit waren echte Kenner, allerdings nicht immer frei von Exzentrik. In Deutschland hatten sie einen schwer erträglichen Hang zum Anlegen immer neuer Systematiken, in England unterwarfen die Blumenfreunde ihre Lieblinge strengen Zuchtstandards und ließen sie in

zahllosen Wettbewerben gegeneinander antreten. Die Niederlande hingegen, früh von der Tulpenmanie geheilt, konnten als die Nutznießer dieser Leidenschaften gelten. Sie entwickelten sich in dieser Zeit zur führenden Nation im Pflanzenexport und legten bereits damals die Grundlage für ihre bis heute anhaltende Führung.

Schon seit Beginn der Neuzeit hatten Pflanzen von anderen Kontinenten den Weg nach Europa gefunden, im 19. Jahrhundert schwoll dieser zunächst schmale Strom zu gigantischen Ausmaßen an. Pflanzenliebhaber wurden einerseits zu Spezialisten, etwa für Kakteen, Orchideen oder Hochgebirgspflanzen, andererseits konnte jeder mit dem Einkaufskorb in der Hand in der Gärtnerei aus Hunderten von verschiedenen Arten und Sorten wählen, seien es Blumenzwiebeln, Beetstauden, Einjährige oder Topfblumen. Niemand musste ein Experte sein. Beides jedoch führte nicht unbedingt zu einer Verbesserung des Gartengeschmacks. Die Experten waren an den technischen Problemen der häufig schwierigen Kultivierung interessiert und verloren Fragen der Garten- und Pflanzenästhetik aus den Augen, die Handelsgärtner und ihre Kunden dagegen interessierte der schnelle Erfolg, die einen beim Verkauf, die anderen bei der Umsetzung ihrer Wünsche.

Im Folgenden soll es daher einerseits um diejenigen Pflanzen gehen, die zu Lieblingsblumen ganzer Generationen wurden, zum anderen aber auch um die Blumenliebhaber selbst und die Zeit, die sie prägte. Viele Pflanzen wird man vermissen, das ist dem Umfang des Buchs geschuldet. Allen voran die Rose, aber die Geschichte der Rosenleidenschaft wäre selbst ein eigenes Buch, und so beschränken wir uns auf jene Blumen, die sonst immer im Schatten der Königin der Blumen stehen.

Vieles, was die Zierde heutiger Gärten ausmacht, verdanken wir den frühen Blumenfreunden: Nicht immer sind sie sympathisch, manchmal tragen sie kleinliche oder lächerliche Züge. Auch um die Blumenfreunde geht es im Folgenden. Der Schwerpunkt liegt dabei auf dem europäischen Kontinent. Die führende Gartennation England wird dort Erwähnung finden, wo es geboten ist. Der britische Beitrag zu diesem Thema ist so überwältigend groß, dass seine umfassende Behandlung ebenfalls den vorgegebenen Rahmen sprengen würde.

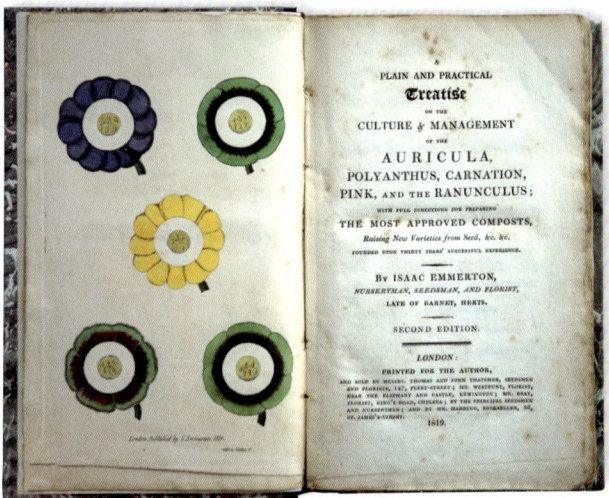

OBEN Titel und Frontispiz von Isaac Emmertons Abhandlung über Aurikeln und andere Modeblumen

DAS AUSGEHENDE MITTELALTER UND DIE NEUE ZEIT

Heutige Gartenbücher, besonders die luxuriöser ausgestatteten, zeigen den Garten als Paradies, ohne Arbeit, ohne Unkraut, ohne Schädlinge. Dass auch das himmlische Paradies ein Garten sein muss, ist eine naheliegende Vorstellung, und sie ist keineswegs neu. Den mittelalterlichen Menschen, allen voran den Malern, war sie geläufig. Ein oberrheinischer Meister malt 1415 das »Paradiesgärtlein«: Maria sitzt mit dem Kinde auf einer Rasenbank, Heilige und Engel sind bei ihnen und beschäftigen sich nicht anders als wir Heutigen in unseren Mußestunden im Garten. Blumen wachsen in Hochbeeten, niemand muss gebückt in der Erde wühlen, höchstens dass ein paar Früchte gepflückt werden oder ein wenig Wasser aus dem Brunnen geschöpft wird. Im Paradiesgärtlein ist Gartenarbeit die reine Lust, genauso wie es uns heutzutage manches Hochglanzgartenbuch weismachen will.

Tatsächlich lassen sich in den seltenen mittelalterlichen Darstellungen wirklicher Gärten diese Rosenlauben und Rosenspaliere wiederfinden, ebenso Hochbeete und Rasenbänke. Im Denken der Menschen jener Zeit waren die irdische und die himmlische Welt keineswegs voneinander getrennt.

◆ Die Blumen, die in diesen frühen Gärten gezogen wurden, hatten daher auch entweder eine religiös-symbolische Bedeutung oder medizinischen Nutzen oder beides. Karl der Große gab in dem *Capitulare de Villis* verbindliche Anweisungen heraus, was in den Gärten seines Reichs gezogen werden sollte. Was uns heute als Blume gilt, war zunächst vor allem Heilkraut, das gilt für Rose und Veilchen, Himmelschlüssel und Rosmarin. Einige wenige Pflanzen nur wurden auf Grund bloßer Schönheit gezogen, so die Madonnenlilie, das Symbol der Reinheit Mariens.

◆ Und doch gab es früh die Liebe zu Blumen: Der von einer Mauer umschlossene Paradiesgarten, selbst ein Symbol für die Jungfräulichkeit, war gleichzeitig ein Garten der Lustbarkeit, an dessen Blumen und Früchten sich Männer und Frauen erfreuten. Im Zeitalter des Minnegesangs ließen sich Rosen und Lilien auch verstehen als verschlüsselte Zeichen der irdischen Liebe.

◆ Erstaunlicherweise sind auf dem Portinari-Altar (1473–1477) des Flamen Hugo van der Goes, der die Anbetung der Hirten zeigt, im Vordergrund zwei Vasen zu sehen mit den Mariensymbolen Lilie, Iris und Akelei, dazu ein paar einfache Nelken, das ganze mit Veilchenblüten umstreut. Die Lilie ist allerdings eine Feuerlilie, wohl kaum ein Sinnbild der Jungfräulichkeit, Nelken waren zu jener Zeit rar und kostbar, nur den Wohlhabenden zugänglich, und die Veilchen sind, ganz ungewöhnlich, verschiedenartig in ihren Farben, Gartenformen in Violett, Weiß und Hellblau. Sie taugen alle als religiöse Symbole, aber sie bereiten zudem ganz irdisches Vergnügen.

◆ Die meisten Maler der Frührenaissance malen allerdings Wildblumen in ihre Rasenteppiche; auf dem Genter Altar der Brüder van Eyck (1432) sind sie zu sehen, zusammen mit einigen Heilpflanzen und natürlich den Symbolpflanzen der mittelalterlichen Theologie. Unter den Füßen der Blumengöttin Flora lässt Botticelli um 1487 eine toskanische Frühlingswiese erblühen. Albrecht Dürer (1471–1528) malte die bescheidenen Pflanzen seiner Heimat ohne einen Hintergedanken an Nutzen oder Symbolwert, auch nicht als Dokument ihrer botanischen Besonderheiten wie Leonardo da Vinci (1452–1519), sondern eher aus Neugier und verzaubert von der Schönheit des Kleinen und Einfachen. Aber ist noch keinem aufgefallen, dass der berühmte Veilchenstrauß (keineswegs von Dürer selbst gemalt) gerade nicht das wilde Veilchen zeigt, sondern offenbar eine kultivierte Form? Die deutlich verbreiterten oberen Petalen, die ein wenig wie Kaninchenohren auseinander fallen, deuten darauf, dass es sich um eine großblumige Auslese handeln muss. Erst sehr viel später, im 19. Jahrhundert, werden solche Veilchen in den Gärten Europas erneut auftauchen.

◆ Irgendwann um die Zeit der beginnenden Renaissance ist auch die Nelke erschienen. Ihre Vorfahren vermutet man in Österreich und dem nördlichen Balkan, aber als Gartenpflanze scheint sie über Spanien aus dem islamischen Weltreich gekommen zu sein. Leicht wird übersehen, dass die Errungenschaften der Zivilisation der Griechen und Römer, zu denen auch die Blumenkultur gehört, nicht in Europa die dunkle Zeit überdauert haben, sondern in der arabischen Kultur Vorderasiens, Nordafrikas und Spaniens.

◆ Die Nelken in der Hand junger wohlhabender Männer bezeichnen eine neue Zeit, nicht nur der Malerei. Mag sie in der Hand von Raffaels Madonna noch als symbolischer Kreuzesnagel auf die zukünftige Passion Christi hinweisen, in der Hand eines Kaufmanns bedeutet die Nelke etwas anderes: Interesse an der Naturwissenschaft, internationale Geschäftsbeziehungen – war sie doch von jenseits der Alpen gekommen – und gewiss zunächst auch Reichtum, denn selbstverständlich war der Besitz solch exklusiver Blumen purer Luxus. Zudem benötigte die Nelke Aufmerksamkeit und Hingabe, wenn sie gut gezogen sein sollte. Sie verlangte entweder nach einem leidenschaftlichen Blumenliebhaber, der Zeit hatte, sich selbst um sie zu kümmern, oder aber nach einem fähigen Gärtner, der mit ihrer Pflege beauftragt werden konnte. So war der Schritt in die Neuzeit getan, die Menschen der Renaissance begannen, nicht nur die Blumen zu lieben, ohne nach ihrem Nutzen oder Symbolgehalt zu fragen, sondern sie auch als Handelsobjekt, als Ware zu anzusehen und ihr einen materiellen, ganz und gar irdischen Wert zuzuschreiben.

DIE AKELEI –
Blumen und Frömmigkeit im Mittelalter

✤   Nicht jede Pflanze ist so anspruchsvoll wie die Nelke. Im guten Wortsinne anspruchslos und mit demütig gesenktem Köpfchen schaffte die Akelei (*Aquilegia vulgaris* L.) den Sprung in diese neue Zeit.

✤   Sie ist die Blume der Gotik schlechthin. Ist nicht jede ihrer gespornten Blüten selbst geformt wie die Spitzbogen und Pfeiler gotischer Kirchen? Auf den mittelalterlichen Tafelbildern ist sie eine der häufigsten Blumen, auf dem Genter Altar des Jan van Eyck ist sie zahlreicher zu finden als jedes andere der dargestellten Kräuter und Blumen. Über ihre symbolische Bedeutung ist viel gerätselt worden. Ihr englischer Name *Columbine* verweist auf die Taube und damit auf den Heiligen Geist. Ihr deutscher Name Akelei könnte ein Nachklang des lateinischen *Aquilegia* sein; oder ist es eher umgekehrt, ist der lateinische Name eine Umdeutung des deutschen Volksnamens? Erwin Panofsky setzt sie wegen des Gleichklangs ihres französischen Namens *Ancolie* in eine Beziehung zur Melancholie. Dann wäre sie ein Symbol für den Kummer Mariens, und dies könnte auch erklären, weshalb sie auf Gräber gepflanzt wurde.

✤   Einem Menschen hat die Schönheit und Bedeutung der Akelei zeitlebens keine Ruhe gelassen. Der Lehrer Karl Löber hat ihr 50 Jahre seines Lebens gewidmet. Er hat ihr detektivisch nachgespürt auf den mittelalterlichen Altarbildern, in den Paradiesgärtlein und Waldeinsamkeiten zu Füßen der Gottesmutter, der sie zugeordnet ist wie die Lilie, die Rose und das Veilchen. Er hat die Diskussion um die Herkunft ihres Namens verfolgt und alles durchforscht, was an erreichbaren Quellen über die mittelalterliche Akelei zu finden war. Seine Funde hat er sorgsam abgezeichnet, dokumentiert und mit anderen verglichen. Die Akelei war seine Blume. Eine Veröffentlichung dieses Lebenswerks hat er nicht mehr erleben können. Erst sein Sohn hat es als Buch unter dem Titel *Agalaia* (Köln, 1988) nach seinem Tod herausgegeben. Es ist nicht bekannt, ob Löber auch Akeleien in seinem Garten gezogen hat, seine liebenswerte Hingabe sichert ihm jedenfalls einen Platz in der Reihe unsterblicher Blumenfreunde. Im Nachhinein und nüchtern betrachtet ist der Name »Akelei« wohl weniger ein Rätsel,

als es ihm schien. Der Umriss der Akeleienblüte ist bei einiger Einbildungskraft dem Wappenadler ähnlich – weniger dem wirklichen Vogel, *Aquilegia* ist daher wohl vom lateinischen *aquila* für Adler abzuleiten. Dieselbe Ähnlichkeit gab dem Adlerfarn seinen Namen, bei dem der Umriss des Adlers als Querschnitt des Gefäßbündels sichtbar wird, wenn man den unteren Teil des Wedelstiels durchschneidet.

✤   In der Gesellschaft der Gottesmutter findet sich die Akelei, wie erwähnt, auch auf dem Portinari-Altar, den der italienische Gesandte Portinari aus Brügge nach Florenz brachte, wo er noch heute in den Uffizien hängt. Das flämische Gemälde erregte in Italien Aufsehen wegen seiner neuartigen Malweise. Die Darstellung von Iris und Feuerlilie im glasierten Tonkrug zusammen mit Akelei und Nelke in einer einfachen Glasvase gilt der Kunstgeschichte als Geburtsakt des Blumenstilllebens. Sowohl die Form der Darstellung – die Malerei – als auch das Dargestellte selbst – die Blume – werden sich in der kommenden neuen Zeit befreien von der Bindung an das Symbolische und einen Wert an sich selbst erlangen. So steht die Akelei gleichermaßen am Ende des einen Zeitalters und am Beginn eines neuen.

✤   Im Garten zeigt sie sich von einer Seite, die wenig zu einem Symbol der Jungfräulichkeit passt, nämlich von recht lockerer Moral. Ihre Nachkommenschaft ist ziemlich gemischt, zu den legitimen Kindern, die der Mutter ähnlich sehen, gesellen sich illegitime in bunter Vielfalt. Leicht durch Samen zu vermehren, ja dort, wo es ihr gefällt, sich durch ausgestreuten Samen rasch ausbreitend, neigt sie zu überraschenden Abänderungen. Neben gefüllten Blüten bildet sie auch »anemonenblütige« Formen aus, die Umbildung eines Teils der Blütenblätter zu einem Sporn ist rückgängig gemacht, die Herkunft aus der Familie der Ranunculaceen wieder sichtbar geworden. Auch eine Kombination aus beiden Merkmalen ist nicht selten und schon früh dokumentiert, nämlich stark gefüllte und gleichzeitig spornlose Blüten, die manchmal zusätzlich grüne Spitzen der Blütenblätter aufweisen. Sie werden heute nach einer bekannten Sorte als »Nora-Barlow-Typ« bezeichnet. In alten Stichwerken und auf den Stillleben niederländischer Maler findet man außerdem eine Akelei mit »umgekehrter Blüte«, bei der die Sporne nicht zurückgebogen sind, sondern nach vorn zeigen, sowie eine

blau-weiß gestreifte Form. Als im 19. Jahrhundert die langgespornten amerikanischen Arten Einzug in die europäischen Gärten hielten, gerieten die alten Sorten schnell ins Hintertreffen. Die weitaus farbintensiveren Hybriden von *A. caerulea*, *A. chrysantha* und *A. formosa* waren die eindrucksvolleren Beet- und Rabattenpflanzen; einzig im Bauerngarten konnte die gewöhnliche Akelei ihre Stellung behaupten.

✤   Dabei liegt ihr Charme gerade nicht in Buntheit oder Fernwirkung, sondern in der Anmut der Details, der Demutshaltung ihrer Blüten, den perfekten, aber immer anmutigen Rosetten der gefüllten Formen, der Zartheit von Laub und Blütenstand, bei einigen Sorten dazu in der Färbung der Blätter. Erst im letzten Drittel des zwanzigsten Jahrhunderts, als das Ansehen der europäischen Wildpflanzen in der Gartenkultur wieder zu steigen begann, besannen sich die Gartenfreunde auch wieder auf die Vorzüge der heimischen Akelei. Besonders in leicht schattigen Bereichen, dort, wo die Sonnenstrahlen das Blattwerk gerade noch durchdringen können, ist sie zu Hause und kommt mit einem Minimum an Pflege aus. Diese sollte vorzugsweise darin bestehen, Sämlinge mit begehrenswerten Eigenschaften auszulesen und zu verhindern, dass die dominanten, verwaschen blau und trübrot blühenden Pflanzen überhand nehmen. Hat man einen wirklich exzellenten Sämling, der es verdient, vermehrt zu werden, so lohnt es sich, ihn an eine bevorzugte – und isolierte – Stelle zu verpflanzen. Teilung ist nicht ganz einfach, starke Pflanzen können in kleinere Teile gerissen werden, aber auf jeden Fall sollte man Samen nehmen und testen, ob die gewünschten Eigenschaften echt weitergegeben werden. Englische Gärtner haben in den letzten Jahrzehnten in dieser Weise viele der verloren geglaubten Varianten wieder zugänglich gemacht, doch auch bei uns haben sich einige Formen in Samenmischungen erhalten.

ALTE UND NEUE AKELEIEN

NORA-BARLOW-GRUPPE: Der Name wird manchmal einer (Samen-)Sorte mit stark gefüllter rotweißgrüner Blüte ohne Sporn vorbehalten, allerdings ist auch eine Mischung unterschiedlicher Farben im Handel. Die Blüten stehen bei diesem Typ oft aufrecht. Einzelne Farben werden auch unter gesondertem Namen angeboten, insbesondere '**RUBY PORT**', eine tief dunkelrote, fast schwarze Sorte, die echt aus Samen fällt. Besonders schön ist die Form '**GREEN APPLES**', die entweder reinweiß mit ganz zart grünen Spitzen der Petalen oder insgesamt

grün überhaucht aus dem Samen fällt; wenn man sie fernab von anderen Akeleien zieht, sind ihre Sämlinge sortenecht.
'ANEMONAEFLORA' oder **'CLEMATIFLORA'**, die spornlosen, anemonenblütigen Formen, meist als Farbmischung angeboten, sind nicht immer gleichmäßig in der Gestalt; eine Selektion der besten Sämlinge ist also angeraten.

BIEDERMEIER-MISCHUNG: dicht gefüllte, gesporte Formen in bunter Mischung. Die Blüten öffnen sich vielfach nach oben, was dem idealen Erscheinungsbild einer Akelei nicht unbedingt entspricht. Ähnliche Mischungen werden unter verschiedenen Namen, manchmal auch in einzelnen Farbsorten angeboten, auch eine schöne reinweiße Form; wünscht man vor allem die ursprügliche Eleganz wilder Akeleien, so sollte man auf eine hängende Blütenform achten. Die gefüllten, gesporten Formen gab es schon recht früh. Die Bayerische Staatsbibliothek in München bewahrt ein illuminiertes flämisches Manuskript, das *Liber precatorius*, etwa um 1500 entstanden. Blau gefüllte und gesporte Akeleiblüten schmücken die Randbordüre der darin aufgezeichneten Laurentius-Liturgie.

VERVENEANA-GRUPPE: Unter diesem Namen werden all jene Typen zusammengefasst, die sich durch eine abweichende Blattfärbung auszeichnen, zumeist eine elegante goldgrüne Panaschierung, manchmal auch ein rein goldener Farbton des Blatts. In schattigen Bereichen ist die Wirkung bei gesunder üppiger Belaubung außerordentlich, wie wenn Sonnenstrahlen an einem lichten Frühlingstag auf dem Waldboden spielen. Ein wenig Vorsicht ist jedoch angebracht: Weiße oder blaue Blütenfarben wie bei den Sorten **'MELLOW YELLOW'** und **'WOODSIDE BLUE'** passen weit besser zur Blattfärbung als Rosa oder Rot. Manche Zuchtformen – beispielsweise die Sorten **'ROMAN BRONZE'**, **'BURNISHED ROSE'** und **'SUNBURST RUBY'** – mit messingfarbenem Laub und Blüten in verschiedenen Rottönen sind daher nicht ganz einfach zu verwenden.
Auch unter den weit verbreiteten verwilderten Formen in alten Gärten findet sich manches Juwel, vielleicht ja sogar die »inverse« Akelei mit den nach vorn gerichteten Spornen oder gar die gestreifte Form der holländischen Blumenmaler.

LINKS *Aquilegia vulgaris* 'Green Apples' / **RECHTS** Der zarte goldgefleckte Austrieb einer Verveneana-Akelei

FÜRSTEN UND IHRE GÄRTEN – PFLANZEN SAMMELN ALS PRACHT-ENTFALTUNG

In der zweiten Hälfte des 16. Jahrhunderts schien es so, als könnte der Aufbruch in Europa allen Ländern einen Zuwachs an Wohlstand und kulturellem Aufschwung bringen. Auf Kosten zwar der neu entdeckten Kolonien in Übersee, mit deren Gold der Handel auf dem Alten Kontinent nie gekannte Höhen erreichte, entwickelte sich eine Dynamik, die Buchdruck und Handwerk, Wissenschaften und Künste, Luxus, aber auch den bescheideneren Wohlstand einer wachsenden städtischen Bürgerschicht einschloss. Allenthalben entstanden Gärten, in denen nicht nur die Nutzpflanzen und Heilkräuter der mittelalterlichen Klostergärten gezogen wurden, sondern mehr und mehr auch die Pflanzen der Neuen Welt ebenso wie die, die Händler und Reisende aus dem Osmanischen Reich nach Zentraleuropa importierten.

✦ Der Austausch in ganz Europa war äußerst rege, wurde aber keineswegs von allen als Segen erlebt. Vielfach handelte es sich bereits um einen Vorschein der düsteren Ereignisse, die in der ersten Hälfte des 17. Jahrhunderts das Gesicht des Kontinents gänzlich umformen sollten. Eine große Zahl derjenigen nämlich, die durch Europa zogen, tat dies keineswegs aus freien Stücken, es waren Religionsflüchtlinge, vornehmlich aus Frankreich und den Niederlanden, Emigranten, die ihres Glaubens wegen ihre Heimat verlassen mussten. Vielfach waren sie hochwillkommen, da sie über handwerkliche und technische Fertigkeiten verfügten, die die Wirtschaft der Gastländer beflügelten, aber zugleich waren sie die ersten Opfer eines Konflikts, der schließlich – im Dreißigjährigen Krieg von 1618 bis 1648 – Deutschland verwüstet und die Landkarte Europas verändert zurücklassen sollte. Nicht nur politisch, mehr noch kulturell lag die Führung Europas jetzt in England, den Niederlanden und vor allem in Frankreich.

✦ Ein neuer Typus von Herrschaft verdrängte erfolgreich die alten ständischen und feudalen Strukturen: der Absolutismus. Von seinen Gärten verlangte der königliche oder fürstliche Besitzer vor allem, dass er der Repräsentation diente, also durch schiere Größe und grandiose Architektur, aber ebenso durch Erlesenheit und Kostbarkeit seiner Gewächse bei den Besuchern einen Eindruck von der Macht des Herrschenden hinterließ. Die Schönheit der blühenden Blumen oder der exotischen Früchte der Orangerien ist allerdings nicht so dauerhaft wie die Majestät der architektonischen Anlage. So war es naheliegend, die Pflanzen in von Hand auf Pergament gemalten Prachtwerken oder auf prunkvollen Stichen festzuhalten – ein Verlangen, das auch von den weniger bedeutenden, aber keineswegs mittellosen Gartenenthusiasten an den kleineren Fürstenhäuser und in der städtischen Oberschicht der großen deutschen Reichsstädte und der Niederlande geteilt wurde. Der Bestand der großen Gärten vom ausgehenden 16. Jahrhundert bis zum ersten Drittel des 18. Jahrhunderts ist uns daher in vielen Einzelheiten vornehmlich aus den sogenannten Florilegien, den Sammelwerken von Blumendarstellungen, bekannt, und wir können aus ihnen erschließen, welche Pflanzen im Mittelpunkt des damaligen Garteninteresses standen.

✦ Abgesehen von denjenigen Pflanzen, die in unserem Klima die kalte Jahreszeit nicht überstehen würden, es sei denn, man durchwinterte sie in eigens dafür angelegten frostfreien Räumen, den Orangerien, waren es vier Gartenblumen, die Tulpe (*Tulipa* L.), die Anemone (*Anemone coronaria* L.), die Ranunkel (*Ranunculus asiaticus* L.) und die Hyazinthe (*Hyacinthus orientalis* L.), die die Herzen der barocken Blumenfreunde eroberten. Alle bilden Zwiebeln oder Knollen aus, ein Umstand, der es leicht macht, sie in ihrer Ruhezeit über weite Strecken zu transportieren. Auf diese Weise waren sie auch über Konstantinopel nach Europa eingeführt worden, und zwar aus einer hochentwickelten Gartenkultur, denn offensichtlich wurden dort bereits eine stattliche Anzahl unterschiedlicher Sorten gezogen, daneben eine Vielzahl weiterer Knollen- und Zwiebelgewächse. Die Tulpe taucht erstmalig um die Mitte des 16. Jahrhunderts in Süddeutschland auf, die Ranunkel um dieselbe Zeit in Italien. Anfang des 17. Jahrhunderts nahmen sich dann bereits die niederländischen und flämischen Blumenzüchter ihrer an. In der Umgebung von Haarlem herrschten damals wie heute ideale Bedingungen für die Aufzucht von Tulpen, dazu zählt neben dem sandigen Boden fraglos auch der unternehmerische Geist der dortigen Züchter.

✦ Wer heutzutage Blumenzwiebeln kauft, bekommt oft kostenfrei den Rat mitgeliefert, von einer Sorte gleich mehrere in einer Gruppe nebeneinander zu pflanzen und sich auf wenige klare, leuchtende Farben zu beschränken. Die Wirkung, heißt es meist, sei eine natürlichere und bessere, als wenn man sie bunt gemischt und einzeln in die Beete setzt. Die Blumenliebhaber früherer Zeiten wären entsetzt gewesen. Reine, klare Farben galten als eher gewöhnlich, und zwei Blumen gleichen Aussehens nebeneinander zu setzen als ein Zeichen schlechten Geschmacks. Keinesfalls sollten die Blumen dicht nebeneinander stehen, sondern jede separat für sich, damit ihre Schönheit im Einzelnen bewundert werden konnte. Wie im Großen, wo geometrisch angelegte Parterres mit exakt geschnittenen Hecken den Stil des barocken Gartens bestimmten, herrschte auch auf den Beeten Ordnung. Die Zwiebeln wurden in Reihen gelegt, die jeweils nächste Reihe jedoch auf Lücke. Dieses Schema, die *Quincunx*, verwendeten die Gärtner seit der Antike insbesondere für Bäume; es hat den

Vorzug, dass jeder einzelne Baum einen gleichmäßigen, möglichst großen Anteil an Licht und Bodenfläche erhält; dies ließ sich selbstverständlich ohne weiteres auf die Blumen übertragen.

✦ Die begehrtesten Blumen waren, das soll noch einmal betont werden, nicht diejenigen in leuchtenden Farben, sondern gerade solche, die durch eine besondere Zeichnung auf den Blütenblättern oder durch Veränderungen der Blütenform bis hin zu monströsen Formen die Aufmerksamkeit des Betrachters auf sich zogen. Seltenheit und Erlesenheit waren die Prädikate, die den Wert einer Blume bestimmten; und die Tulpen, Nelken und Hyazinthen, aber auch die Ranunkeln und Anemonen taten ihren Liebhabern den Gefallen, immer neue Spielarten von immer subtilerer Schönheit hervorzubringen.

DIE TULPOMANIE

✦ Im Jahr 1635 wurden in Europa erstmalig die Symptome eines epidemisch um sich greifenden Blumenwahns wahrgenommen – auch wenn sich im Osmanischen Reich wohl schon vorher einzelne Blumenliebhaber der Tulpe wegen ins Unglück gestürzt haben. In den Niederlanden glaubten viele, der »Tulpenwindhandel«, wir sagen heute die Tulpenspekulation, könne sie in kürzester Zeit reich machen; aber als 1637 die allgemeine Hysterie in Ernüchterung endete, hatte sie doch nur viele arm gemacht. Der Verlauf des Tulpenwahns wird auch heute noch als Paradigma für den Zusammenbruch eines Spekulationsmarktes gedeutet, aber es ist keineswegs eindeutig geklärt, ob es sich dabei um einen rasanten Preisanstieg auf Grund wirklich großer Nachfrage bei äußerst kleinem Angebot handelte oder um einen echten Schwindel, also um einen künstlich erzeugten Preisanstieg von etwas, das keinen tatsächlichen Wert hatte. Die Ereignisse dieser Jahre sollen hier nur kurz angesprochen werden, denn sie sind weithin bekannt und in vielen Büchern beschrieben worden. Wer an der wahren Geschichte der Tulpenspekulation interessiert ist, dem sei das Buch *Tulpenwahn* von Mike Dash (München, 1999) ans Herz gelegt, das mit mancher Legende aufräumt und gesellschaftliche,

wirtschaftliche und gartengeschichtliche Hintergründe kenntnisreich darstellt.

✦ Nur einem Aspekt wollen wir näher nachgehen, nämlich der Frage, welche besonderen Tulpen den Liebhabern so große Summen wert waren, dass andere glaubten, damit das Geschäft ihres Lebens machen zu können. Augenscheinlich waren die wohlhabenden Tulpenliebhaber in den Niederlanden bereit, für gewisse Tulpen einen außerordentlich hohen Preis zu zahlen, allerdings nur für ganz bestimmte, höchst seltene Sorten, die sich nicht ohne weiteres und in unbegrenzter Anzahl vermehren ließen. Solche Exemplare konnten manchmal irgendeinen Glückspilz durch ihr unerwartetes Erscheinen reich machen. Wer solche Tulpen in seinem Besitz hatte, konnte sie in einem verräucherten Kneipenhinterzimmer zur Auktion anbieten, aber ebenso eine Option verkaufen auf eine kleine Nebenzwiebel, die – vielleicht – im Herbst an der Mutterzwiebel erscheinen würde. Mit Optionen lässt sich gleichfalls handeln, und weil viele an diesem Spiel teilnehmen wollten, die Zahl der vorhandenen »besonderen« Tulpenzwiebeln aber minimal war, wurde bald auch mit gewöhnlichen Tulpen spekuliert, die keineswegs selten und nicht einmal besonders kostbar waren. Nach dem *Crash* im Jahre 1637 fielen die Preise dann wieder auf ein realistisches Niveau, für die seltenen Sorten allerdings weit weniger, denn die wahren Enthusiasten waren immer noch bereit, für ihre Favoriten große Summen zu bezahlen.

✦ Damit ist die Frage, welche besonderen Eigenschaften es denn nun waren, die die Sammelleidenschaft der *Connaisseurs* entfachten, noch nicht beantwortet. Tatsächlich war es eine Krankheit, allerdings waren nicht die Menschen infiziert, sondern die Tulpen. Ein Virus konnte, durch Blattläuse verbreitet, die Tulpenzwiebeln befallen: Es ruft in den Blüten das »Brechen« der Farben hervor, ein Prozess, durch den die mehr oder weniger einheitliche Blütenfarbe in verschiedene Komponenten zerlegt wird. Die Blütenblätter sind dann zart geflammt und gestrichelt, in den besten Exemplaren entsteht ein Farbeindruck von hoher Subtilität und Harmonie; die Pflanze aber, erkrankt, verliert an Vitalität – das war schon früh dem niederländischen Botaniker Carolus Clusius (1526–1609) aufgefallen, der zur Verbreitung der Tulpe in Europa und besonders in

TULIPS.

den Niederlanden mehr beigetragen hatte als jeder andere. (Wenngleich nicht ganz freiwillig; aus seiner umfangreichen Sammlung in Leiden wurden immer wieder Zwiebeln gestohlen, die dann, wie man wohl annehmen darf, den Grundstock der kommerziellen Tulpenzwiebelkultur in Holland bildeten.) Die Blüten der gebrochenen Tulpen waren groß und vielfältig im Vergleich zu denen anderer Gartenblumen, sie entsprachen dem Schönheitsempfinden der Zeit, und sie waren selten. Sie waren damit über die Maßen begehrenswert. Die Stilllebenmaler des 17. Jahrhunderts rückten diese Tulpen am liebsten ins Zentrum ihrer Bilder, nicht nur, weil die Auftraggeber ein Abbild ihrer wertvollsten Blumen erwarteten, sondern mehr noch, weil die große Blüte dem Bild Ausdruckskraft verlieh und gleichzeitig die Kunst des Malers in der feinen Zeichnung eindrucksvoll sichtbar wurde.

✤ Die Wertschätzung der gebrochenen Tulpe hatte den Zusammenbruch des Windhandels überdauert, ihre Liebhaber waren jedoch weiterhin dem Spott der Zeitgenossen ausgesetzt. Der größte Tulpenfreund von allen muss der Chirurg Claes Pietersz gewesen sein, der seinen Namen 1621 in Nicolaes Tulp änderte, sich als Wappen eine rot geflammte Tulpe zulegte und heutzutage vor allem deshalb noch bekannt ist, weil Rembrandt ihn mit dem Bild *Die Anatomie des Dr. Tulp* unsterblich gemacht hat. Das Bild zeigt ihn im Kreise seiner ärztlichen Kollegen, während er an einer Leiche eine Sektion vornimmt, damals ein durchaus noch umstrittener Vorgang. Er genoss allerdings überaus hohes Ansehen, war Ratsherr und wurde vier Mal in Amsterdam zum Bürgermeister gewählt. Doch die Tulpenmanie beschämte ihn. Nicht, dass er von seiner Leidenschaft gelassen hätte, noch 1652 beschenkte er seine Kollegen aus der Chirurgenzunft mit einem Silberbecher in Tulpenform. Das Tulpenwappen am Tor seines Hauses ließ er jedoch entfernen, und an seinen Tulpen hat er sich wohl nur mehr im Verborgenen erfreut.

✤ Das Tulpenfieber ist somit kein eigentlicher Blumenwahn gewesen, eher ein von Blumenliebe unberührtes Spekulationsfieber. Nicht die Liebhaber selbst hatte es erfasst, sondern diejenigen, die die Leidenschaft der Enthusiasten zu Geld machen wollten. Die Liebe zu den Tulpen, besonders zu den »gebrochenen«, hat das Tulpenfieber

dann auch um mehrere Jahrhunderte überdauert. Und das Ende dieser immer rar gebliebenen Tulpenelite ist von den Tulpenzüchtern selbst herbeigeführt worden. Während die holländischen *Bloemisten* des 17. Jahrhunderts darüber rätselten, wie eine Tulpe zum »Brechen« veranlasst werden konnte – Tulpensämlinge waren niemals gebrochen, und es war keineswegs vorherzusehen, ob eine Tulpe ihrem Züchter diesen Gefallen erweisen würde – erkannten die Biologen des 20. Jahrhunderts hinter dem »Tulpenwunder« den pathologischen Prozess, eine Krankheit, die ausgemerzt werden musste. Mitte des letzten Jahrhunderts wurde der Handel mit virusinfizierten Zwiebeln verboten, die letzten Sorten verschwanden in den späten 1970er- und frühen 1980er-Jahren vom Markt. Die Tulpenliebhaber wurden nicht gefragt, aber der Geschmack hatte sich ohnehin den klaren Tulpenfarben zugewandt. So ist nichts davon bekannt, dass es Proteste gegeben hätte, weil ein bedeutendes Zeugnis der europäischen Kultur, festgehalten auf zahllosen Gemälden höchsten Ranges und durch die Erinnerung an das Tulpenfieber im kulturellen Gedächtnis eingeprägt, vorsätzlich aus der Welt geschafft werden sollte. Für die wenigen, die sie weiterhin in ihren Gärten sehen wollten, gab es wohlfeilen Ersatz: Tulpen, die auf Grund eines genetischen Prozesses (»sporting«) geflammte Blüten zeigen, beispielsweise die Sorten 'Prins Carnaval' oder 'Mickey Mouse', wurden als »Rembrandt«-Tulpen (Rembrandt selbst hat allerdings nie eine Tulpe gemalt) verkauft. Nur wer die gebrochenen Tulpen niemals gesehen hat, wird sich jedoch entschließen können, die subtilen Nuancen der echten Gebrochenen gegen die heftigen, manchmal harschen Farbkontraste der *Sports* einzutauschen.

✤ Glücklicherweise ist dem Blumenzwiebelhandel die Ausrottung nicht völlig gelungen. Die Mitglieder der *Wakefield and North of England Tulip Society*, gegründet 1836 und als Vereinigung von Amateuren nicht den Beschränkungen des Handels unterworfen, haben alte Sorten liebevoll bewahrt und darüber hinaus auch immer weiter neue Sorten gezogen. Und auch sonst wurden die echten Gebrochenen hier und da weiter umsorgt, wie im *Hortus Bulborum* im niederländischen Limmen, einer Schatzkammer alter Blumenzwiebelsorten, obgleich weitab von den anderen Tulpen. Sogar im eigenen Garten können hin und wieder gebrochene Tulpen auftauchen. Ein Ansturm wie zur Zeit der Tulpenmanie auf diese Kronjuwelen der Blumenzwiebelkultur ist wohl nicht zu erwarten, aber ein Tulpenliebhaber, der sich ernsthaft auf die Suche macht, kann sie immer noch finden, wenn auch nicht mehr die 'Semper Augustus', die 'Viceroy' oder die 'Admirael Pottenbacker', alles Sorten, für die die Enthusiasten des 17. Jahrhunderts ein Vermögen zahlten.

✦   Wer dagegen überhaupt nach alten Sorten sucht, die schon zur Zeit des Tulpenwahns existierten, der hat gute Chancen, fündig zu werden. Alte Tulpensorten haben sich weit besser gehalten als die meisten anderen Zwiebel- oder Knollenpflanzen, und deshalb gibt es davon noch eine kleine und feine Auswahl. Viele stammen, wie erwähnt, aus dem *Hortus Bulborum*, einem Museum für Zwiebelblumen und Knollengewächse mit einer einzigartigen Sammlung alter Tulpen.

ALTE TULPENSORTEN

DUC VAN THOL-TULPEN: Eine Gruppe, die schon um etwa 1700 existierte. Sie sind die Vorfahren der einfachen frühen Tulpen und werden meist nach ihren Farben benannt **'ROSE'** (rosa), **'RED&YELLOW'**, **'MAX CRAMOISIE'** (scharlach), **'PRIMROSE'** (rosa mit weiß), **'COCHINEAL'** (lebhaft rot), **'SALMON'** (lachsfarben); **'ZOMERSCHOON'**, eine einfache späte Tulpe, bekannt seit 1620, weiß-kirschrosa geflammt, lange Zeit die einzige erhältliche gebrochene Tulpe; **'KEIZERSKROON'** (1760), eine einfache frühe Tulpe, karmin mit gelbem Rand, leicht zu erkennen, denn die äußeren Petalen sind deutlich kürzer als die inneren; **'LAC VAN RIJN'** (1620), violett mit weißem Rand, eine der wenigen Sorten, die den Tulpenwahn überdauert haben; *Tulipa alba regalis* (ca. 1620) keine wirkliche Art, sondern eine außerordentlich spät blühende weiße Tulpensorte aus dem *Hortus Bulborum* in Limmen.

Tulipa acuminata wird immer unter den Wildarten geführt, stammt aber mit großer Wahrscheinlichkeit aus den Gärten des Osmanischen Reichs. Während die Tulpenliebhaber in Europa ihre Tulpen rund wünschten und die zipfligen Blütenblätter wegzüchteten, konnten für die türkischen Enthusiasten die Tulpenblüten nicht spitz und lang genug sein, wie Darstellungen jener Zeit zeigen. Es dürfte sich daher bei der *Tulipa acuminata* um eine uralte Gartensorte handeln.

Hinzu kommen die sogenannten **BREEDER-TULPEN**. *Breeder*, also »Züchter« wurden sie genannt, weil aus dieser Gruppe die gebrochenen Sorten hervorgehen sollten (wenn sie es denn taten). Es handelt sich um spätblühende Sorten in subtilen Farbtönen, die kommerziell nicht besonders ertragreich waren und deshalb im Laufe des letzten Jahrhunderts zusammen mit den Gebrochenen vom Markt verschwanden. In allerjüngster Zeit sind auch sie wieder zu haben, zusammen mit einigen wenigen Sorten der gebrochenen (virusinfizierten) Tulpen; allerdings muss man noch intensiv nach ihnen suchen. Da sich ihre Schönheit kaum in kurzen Worten beschreiben lässt, folgt hier nur eine Aufzählung von Sorten, die noch im Handel zu finden sind. Die alten Tulpenenthusiasten unterschieden drei Klassen von gebrochenen Tulpen, sie geben gewisse Anhaltspunkte hinsichtlich des Aussehens: *Bizarre* sind bei gelber Grundfarbe in Schattierungen von Orange, Scharlach und Braun gezeichnet. *Bybloemen* sind auf weißem Grund violett oder schwarz gestrichelt oder geflammt. *Rosen* sind weißgrundig und rosa, scharlach- und karminrot gezeichnet.

Bizarre: **'GOLDEN STANDARD'** (1760) – **'ABSALON'** (1780) – **'GEORGE HAYWARD'** (1830) – **'LORD STANLEY'** (1860) – **'THE LIZARD'** (1903) – **'BEAUTY OF BATH'** (1906) – **'INSULINDE'** (vor 1915) – **'ROYAL SOUVEREIGN'** – **'PAPILLON'**

Bybloemen: **'GLORIA NIGRORUM'** (1837) – **'COLUMBINE'** (1929) – **'BLACK AND WHITE'**

Rosen: **'SILVER STANDARD'** (1760) – **'JULIA FARNESE'** (1853) – **'MABEL'** (1856) – **'SPAENDONCK'** (1893) – **'BRIDESMAID'** (1900) (die Angaben in Klammern beziehen sich auf das Jahr der Einführung, soweit bekannt)

Der Tulpengeschmack mag sich geändert haben. Leuchtkraft und Fernwirkung entfalten eher moderne Tulpensorten. Aber ein subtiles Farbempfinden, Freude am aufmerksamen Betrachten der einmaligen Zeichnung jeder einzelnen Blüte und das Bewusstsein, Blumen gegenüberzustehen, die eine entscheidende Rolle für die Kultur einer vergangenen Zeit gespielt haben, helfen den gebührenden Respekt wiederherzustellen, den die gebrochenen Tulpen fast schon verloren hatten. Und was die Ansteckungsgefahr durch das Virus betrifft: Im Hausgarten besteht wenig Grund zur Besorgnis, wenn man die gebrochenen Sorten auf einem getrennten Beet zieht. Nur wer sehr seltene andere Tulpen zieht, beispielsweise rare Wildtulpen, der sollte auf einen gehörigen Abstand achten, im *Hortus Bulborum* sind es etwa 50 Meter.

DIE HYAZINTHE –
Eine Aristokratin in der Rabatte

❧ Neben den Tulpen waren Hyazinthen, Ranunkeln und Anemonen die beliebtesten Zwiebelblumen. Während Ranunkeln und Anemonen heute etwas in den Hintergrund getreten sind – sie finden sich zwar bis heute in jedem Blumenzwiebelkatalog, allerdings nicht mehr mit Hunderten von Sorten wie noch bis ins 19. Jahrhundert – ist die Hyazinthe populär wie eh und je. Auf dem Gipfel ihrer Beliebtheit im 18. Jahrhundert gelang es der Hyazinthe sogar, eine kleine Neuauflage der Tulpenspekulation zu erzeugen: Zwischen 1730 und 1737 stiegen die Hyazinthenpreise in ähnlicher Weise wie ein Jahrhundert zuvor die der Tulpen. Die Nachfrage nach den neu gezüchteten gefüllten Hyazinthen war zu diesem Zeitpunkt weitaus größer als das Angebot. Angeblich hatte der Haarlemer Züchter Pieter Voorhelm sie zufällig gefunden und weitergezüchtet, tatsächlich waren gefüllte Formen aber schon vorher aufgetreten, bereits im *Hortus Eystettensis* (Nürnberg 1613) findet sich eine Abbildung. Anders jedoch als bei den begehrtesten Tulpensorten, deren Brechen unvorhersehbar war und zudem die betroffene Pflanze in ihrer Vitalität beeinträchtigte, konnten sich die Züchter auf die neue Hyazinthenmode einstellen. Um die Mitte des 18. Jahrhunderts gab es, wenn auch zu weiterhin hohen Preisen, genügend gefüllte Hyazinthen, um die Nachfrage zu befriedigen.

❧ Die Hyazinthe ist als Treibhyazinthe im Sortiment der Gartencenter und Supermärkte allgegenwärtig, und es dürfte wohl kaum jemanden geben, der sie nicht kennt. Es ist deshalb nicht leicht sich vorzustellen, dass die Hyazinthen des 17. und 18. Jahrhunderts völlig anders ausgesehen haben. Der Blütenstand der heutigen Hyazinthen ist gedrungen, zylinderförmig, die einfachen Einzelblüten stehen dicht an dicht, der Gesamteindruck ist derjenige einer robusten, farbintensiven Blume, gut geeignet zur Massenpflanzung. Der optische Eindruck alter Hyazinthen war völlig anders, sie hatten einen schlankeren, pyramidalen Blütenstand mit weniger, aber größeren gefüllten Einzelblüten. Die gesuchtesten Sorten wie der 'Koningh van

Grosbrittanien' waren zudem mehrfarbig, zumeist weiß mit rotem, fleischfarbenen oder violetten Auge oder auch gestreift. Schon damals wurden sie vorgetrieben, das war eine umständliche Sache. Während heutzutage Treibhyazinthen bereits vorbehandelt verkauft werden und unmittelbar in Töpfe oder auf Hyazinthengläser gesetzt werden können, musste der Blumenliebhaber früherer Jahrhunderte seine eigenen Zwiebeln langwierig dafür vorbereiten. »Physikalische Winterbelustigung« nannte das der Autor einer entsprechenden Anleitung, der Nordhäuser Sekretär Johann August Grotjan. Zu einer Zeit, als nur wenige unserer heutigen Zimmerpflanzen schon den Weg in die Häuser gefunden hatten, waren die Blüten vorgetriebener Zwiebelblumen im Winter hochwillkommen, insbesondere dann, wenn sie wie die Hyazinthe dazu freigiebig ihren Duft verströmten.

❧ Aber die Gartenmoden waren der gefüllten Hyazinthe nicht wohlgesonnen. Das 19. Jahrhundert hatte keinen Bedarf mehr für die elegante Schöne. Der neu aufkommende kompakte Typ war für die Prachtrabatten und großflächigen Beetpflanzungen weit besser geeignet. Die Schönheit der Hyazinthe wurde nicht mehr an der Regelmäßigkeit und dem Ausdruck der Einzelblüte gemessen, sondern an der Fernwirkung der Farben. Von allen Blumen, denen die Blumisten des 18. Jahrhunderts mit großer Leidenschaft angehangen hatten, wurde die gefüllte Hyazinthe am vollständigsten vergessen. Umso erstaunlicher ist ihr Wiederauftauchen, und teilweise grenzt es ans Wunderbare.

❧ Seit einigen Jahren gibt es hier und da wieder gefüllte Hyazinthen im Handel, und tatsächlich wird dann und wann in irgendeiner Sammlung oder einem botanischen Garten eine alte Sorte wiederentdeckt. Wer wissen will, wie die Hyazinthen aussahen, die unseren Vorfahren so viel bedeuteten, der muss sich auf die Suche machen. Einige der neueren Sorten findet man vereinzelt im Blumenzwiebelhandel, die alten nur bei in- und ausländischen Spezialgärtnereien. Alle gehören weniger in den Garten, eher sollten sie in Töpfen und Schalen gezogen werden; allerdings lassen sie sich nicht ganz so leicht treiben wie die einfachen Hyazinthen.

RECHTS 'General Köhler', eine gefüllte Hyazinthe aus dem 19. Jahrhundert

GEFÜLLTE HYAZINTHEN

'**CHESTNUT FLOWER**' (1880), blassrosa, eine der wenigen wirklich alten Gefüllten. Der zylinderförmige Blütenstand neuerer Sorten wirkt längst nicht so elegant wie die schlanke Silhouette dieses älteren Typs.

'**GENERAL KÖHLER**' (1878), blau, mit dunklerem Mittelstreifen auf den Petalen, die älteste gefüllte Sorte, die derzeit zu haben ist, und sicherlich eine der schönsten;

'**DREADNOUGHT**' (1900), jede der blauen Blüten mit zierlicher Innenrosette, schlanker klassischer Blütenstand, sehr selten und begehrenswert;

'**MADAME SOPHIE**' (1929), elfenbeinweiß, sehr große Blüten;

'**HOLLYHOCK**' (1936), karmesinrot auf dunkelbraunem Stängel, ausgesprochen standfest; auch wenn sie jüngeren Datums ist: Ihre Blüten bilden die perfekte Rosette, die vormals das Hyazinthenideal darstellte. Trotz recht kleiner Zwiebeln gut für Hyazinthengläser geeignet.

'**SUNFLOWER**' (vor 1897), mattgelb und '**MADAME HAUBENSAK**', tiefrosa, wurden erst im Jahre 1997 in Litauen wiederentdeckt. Alle sind nicht häufig im Handel zu finden; daneben gibt es aber auch einige neuere Sorten. Es bleibt zu hoffen, dass mit steigender Nachfrage auch das Angebot wieder reichhaltiger werden wird.

a. *Hyacinthi flores variorum colorum. b. Hyacinthus stellaris*
cox bifolius, Stern-Blümlein. c. Hyacinthus stellaris minor flore incar-
to. d. Hyacinthus stellatus multiflorus, Stern-Hyacinth. e. Hyacin-
s stellatus Peruvianus floribus caeruleis, Les-Iacinthe, Stern-Hyacinth.

IRIS SUSIANA –
die Tragödie der Dame in Trauer

◆ Im Jahre 2001 stand in dem weithin unbekannten *Newsletter* der kaum weiter bekannten *Aril Society International*, einer kleinen, aber feinen Gesellschaft von Irisliebhabern und -züchtern, ein höchst elektrisierender Leserbrief. Eine Irisfreundin aus dem – von Nordamerika und Europa aus gesehen – fernen Australien teilte mit, dass in ihrer Obhut eine Gruppe der *Trauernden Witwe* blühe und gedeihe. Dem größten Teil der Blumenfreunde in aller Welt dürfte dies genauso entgangen sein wie die zugrunde liegende Tatsache, dass dieser Gartenschatz bei den Kennern als ausgestorben galt.

◆ Die voreilige Todesnachricht hatte die Liebhaber dieser alten Gartenpflanze einige Jahre zuvor unerwartet und scheinbar plötzlich getroffen. Bedenkliche Anzeichen gab es allerdings genug. Zwar lieferten noch Anfang der Neunzigerjahre des 20. Jahrhunderts Blumenzwiebelspezialisten problemlos, wenn auch nicht gerade preiswert, Rhizome von *Iris susiana*. Allerdings schwächelten diese, blühten unwillig, und anstatt zu wachsen und sich zu vermehren, schwanden sie oftmals in kürzester Zeit dahin. Alle Pflanzen aus kommerzieller Zucht galten als virusinfiziert, und als das Jahrtausend seinem Ende zuging, erbrachte eine Umfrage, dass weder in Europa noch Nordamerika auch nur ein einziger Bestand überlebt hatte.

◆ In einem solchen Fall ist es ein naheliegender Gedanke, am Wildstandort Samen zu sammeln und eine Nachzucht zu versuchen. Aber ein Wildstandort von *Iris susiana* existiert nicht. Wie Tulpen, Hyazinthen, Ranunkeln und viele andere Blumenzwiebeln und Knollenpflanzen war diese Iris Ende des 16. Jahrhunderts über Konstantinopel in die europäischen Gärten gelangt, und mit allergrößter Wahrscheinlichkeit wurde sie wie jene bereits seit langer Zeit in osmanischen Gärten kultiviert. Ihre nächste wilde Verwandte ist die Spezies *Iris sofarana*, die im Heiligen Land vorkommt. Der Gedanke ist attraktiv, dass es sich bei dieser Art um die biblischen »Lilien auf dem Felde« handelt, denn die Unterscheidung zwischen Iris und den Lilien wurde erst sehr spät getroffen, in volkstümlichen Benennungen bis heute nicht (Schwert-»lilie«). Vermutlich ist *Iris susiana*

selbst ein einziger, mehr als 500 Jahre lang immer durch Teilung vegetativ vermehrter Klon. Samenvermehrbar ist sie selbst nicht, allerdings wurde ihr Pollen auf andere, nah verwandte Arten übertragen, so dass einige *Iris-susiana*-Hybriden existieren. Ihr Aussterben wäre ein unermesslicher Schaden für die Gartenwelt, ist sie doch eine der schönsten Blumen, die je in einem Garten blühten. An diesem Rang bestand zu keiner Zeit irgendein Zweifel. Seit sie zum ersten Mal in Europa erschien, hat sie Blumenfreunde und Künstler begeistert. In den Bouquets der Stilllebenmaler des 17. Jahrhunderts findet sie sich oft an prominenter Stelle. Das ist umso erstaunlicher, als ihre Farben eher dem gedämpften Spektrum zuzurechnen sind: ein Netz dunkler Linien auf grau-weißem Grund, die Domblätter hellgrau, die Hängeblätter etwas dunkler getönt. Die Blüte ist allerdings riesig, größer als bei jeder anderen Irisart, dabei auf vergleichsweise kurzem Stängel. Sie war eine Pflanze der wohlhabenden Blumenliebhaber und der repräsentativen Fürstengärten,

denn ihre Rhizome waren kostspielig und ihre Ansprüche höher als die gewöhnlicher Gartenblumen, zudem war sie nicht völlig winterhart. Ihre Kultur war immer mit Umständen verbunden, selbst zu jenen Zeiten, als sie noch nicht die kränkelnde Schönheit war. Heinrich Christian von Brocke, ein Blumenfreund der zweiten Hälfte des 18. Jahrhunderts, benötigt mehr als zwei Seiten, um die Kultur der »Fürstlichen Witwe im Trauerflore«, wie er sie nennt, zu beschreiben. Anspruchsvoll, was den Boden, und heikel, was Klima und Bodenfeuchte betrifft, verlangte sie auch damals schon dem Gärtner ein großes Maß an Hingabe ab.

✦ Neben den Gartenfreunden liebten sie besonders die Maler und Zeichner. Sie erscheint in nahezu jedem Florilegium, beginnend bei Beslers *Hortus Eystettensis*; und bei Künstlern wie Hans Simon Holtzbecker (gest. 1671) oder Georg Dionysius Ehret (1708–1770) ziert sie einige der eindrucksvollsten Blätter. Die feine Zeichnung der Blütenblätter entsprach exakt dem Schönheitsempfinden jener Zeit. Als das 19. Jahrhundert begann, die monochromen, kräftig gefärbten Blumen zu bevorzugen, verschwand sie langsam aber stetig aus dem Bewusstsein der meisten Blumenliebhaber. Noch mehr bevorzugte dann das 20. Jahrhundert ausdauernde, nicht so arbeitsintensive Stauden oder Blumenzwiebeln mit leuchtender »Blütenpracht«, nur vereinzelte Liebhaber hielten ihr die Treue. Die »Dame in Trauer« verlangte ihnen zudem immer mehr Zuwendung und Hingabe ab, ihre Vitalität ließ mehr und mehr nach, die Virusinfektion erzwang, dass man sie von anderen Pflanzen getrennt hielt, und häufig genug war der Gärtner selbst der trauernde Hinterbliebene.

✦ Irisfreunde suchten schon früh nach Pflanzen, die die Schönheit der *Iris susiana* mit größerer Vitalität und einfacherer Gartenkultur verbanden. Anfang des 20. Jahrhundert hatte die niederländische Blumenzwiebelfirma *van Tubergen* die größten Erfolge; die Klasse der *Iris-Regeliocyclus*-Hybriden, gezüchtet aus mit *Iris susiana* mehr oder weniger nah verwandten Arten, schien außerordentlich gartenwürdig. Sie waren bis Mitte der Siebzigerjahre erhältlich, mit der Schließung der Firma *van Tubergen* verschwanden sie vom Markt, einzig die Sorte 'Dardanus' ist hier und da noch im Handel. Erfolgreicher waren die Irisfreunde der *Aril Society*. Sie kreuzten die *Iris-susiana*-Verwandtschaft mit Hohen

LINKS 'Afrosiab', eine Arilbred-Iris mit eindrucksvoller Aderung auf den Blütenblättern, weniger empfindlich als ihre wilden Vorfahren / **OBEN** *Iris susiana* aus dem *Horti Anckelmanniani* des Hans Simon Holtzzbecker (1664–1671)

Bartiris, also mit gewöhnlichen Schwertlilien. Die Nachkommen sind komplexe Hybriden, der Name *Arilbreds* fasst alle möglichen Formen zusammen. Bei uns sind sie bedauerlicherweise nicht weit verbreitet, haftet ihnen doch der Ruf an, trocken-heißes Klima zu benötigen, da sie vornehmlich im Südwesten der USA gezüchtet werden. Dies trifft nur teilweise zu; wer einen Versuch im eigenen Garten wagen will, findet genügend geeignete Sorten, die die Schönheit der »Dame in Trauer« oder ihrer Verwandten als Erbteil in sich tragen. Sie sind jedoch alle nicht einfach zu beschaffen; ein erfolgversprechender Weg ist nur die Mitgliedschaft in der *Aril Society*. Bei der alljährlichen Pflanzenbörse für die Mitglieder lassen sich immer auch Sorten finden, die für unser Klima geeignet sind.

◆   Ob *Iris susiana* nachfolgenden Generationen erhalten bleibt, ist derzeit völlig ungewiss. Wer ein wenig von ihrer Schönheit in seinen Garten holen möchte, der sollte nach noch vorhandenen Regeliocyclus-Iris suchen oder nach den Aril-Iris. 'Oyez' (1938), eine weiße, graubraun geaderte Sorte, ist hin und wieder auch hier bei uns zu finden.

OBEN UND RECHTS Die leicht zu ziehende und überreich blühende 'Aril Reverie'

ER GARTEN ALS KURIOSITÄTEN-KABINETT

Beslers *Hortus Eystettensis* von 1613, dieses einzigartige botanische Prachtwerk und Ergebnis einer in jener Zeit einmaligen Anstrengung, ist dank der modernen Möglichkeiten der Massenvervielfältigung mittlerweile ein Objekt der Populärkultur geworden. Soll man es bedauern? Einem zumindest wäre es recht gewesen, Johann Conrad von Gemmingen, dem Fürstbischof von Eichstätt, der das Werk anregte und den Druck finanzierte. Denn zwei Motive lassen sich bei ihm erkennen, einerseits, die Schätze seines Gartens weithin bekannt zu machen und damit den eigenen Ruhm zu mehren, und andererseits ein »bibliophiles Renommierstück« (Hans-Otto Keunecke) zu schaffen, das als repräsentatives Geschenk für hochgestellte Persönlichkeiten dienen konnte und das kleine Fürstbistum in den großen Bibliotheken präsent machte.

LINKS Verbänderung, hier zwei zusammengewachsene Blütenstängel der Tulpe 'Atlantis', einer neueren Sorte

Der Garten in Eichstätt versammelte so gut wie alles, was zu jener Zeit überhaupt der Kultur für würdig gehalten wurde, Neueinführungen aus allen Teilen der damals bekannten Welt wie die noch sehr exotische Kartoffel, Wildpflanzen von teilweise entlegenen Standorten und einiger Seltenheit, heimische Orchideen etwa, Blumen mit einer großen Anzahl von Kultursorten wie Nelken und Levkojen und nicht zuletzt Monstrositäten, ungewöhnliche Formen ganz gewöhnlicher Pflanzen. Das Sammeln solcher Abnormitäten war eine Passion des Barockzeitalters und keineswegs auf Pflanzen beschränkt. Kuriositätenkabinette und Wunderkammern gehörten zu den Leidenschaften adeliger und geistlicher Herren, aber auch der wohlhabenden Bürger der großen Städte. Die in unseren Gärten häufigste dieser abnormen Veränderungen bei einer Pflanze ist ohne Frage die gefüllte Blütenform, auch wenn sie von den wenigsten für monströs gehalten wird, gefolgt von der Panaschierung der Blätter, also von Flecken und verschiedenfarbigen Zeichnungen. Über beide wird noch ausführlich zu sprechen sein. Andere schätzen wir weit weniger, ganz im Gegensatz zu den Gartenbesitzern des Barock, die in einer Mischung aus erwachendem wissenschaftlichem Interesse und Sammellust auch weniger ästhetische Formen in ihre Gärten aufnahmen und von ihren Kupferstechern dokumentieren ließen. Wem dies absonderlich erscheint, der sei erinnert, dass heutzutage Dackel, Zwergpinscher und Möpse gehalten werden, alles in allem recht kuriose Spielarten des Hundes.

Wer offenen Auges durch den Garten geht, wird selbst schon einmal eine Abweichung von der Norm entdeckt haben, gar nicht selten beispielsweise findet sich ein »verbänderter« Blütenstand. Es gibt eine Reihe von Pflanzen, bei denen diese Verbreiterung des Stängels sogar ziemlich häufig vorkommt, etwa beim Virginischen Ehrenpreis *Veronicastrum virginicum* oder beim Löwenzahn. Sogenannte »mehrblütige« Tulpen sind ebenfalls Ergebnis einer Verbänderung des Stängels. Die Gartenbesucher des Barock waren fasziniert von dieser Mutation, kam es doch vor, dass eine Lilie oder eine Kaiserkrone mehr als 100 Blüten auf verbreitertem Stängel trug.

Lilium martagon ist eine Lilie, der Verbänderung zu einem großen Auftritt verhilft, wenn sich die Zahl ihrer Blüten vervielfacht. Auch im Garten kann man einen solchen Blütenstand schon einmal entdecken, allerdings höchst selten einen, bei dem die Blüten in so schöner Symmetrie erscheinen wie auf den Tafeln barocker Prachtwerke.

MARTAGONLILIEN UND IHRE HYBRIDEN

Die Martagonlilien hatten jedoch schon immer viel mehr zu bieten als Monstrositäten. Schon in den Gärten des 17. und 18. Jahrhunderts waren sie in unterschiedlichen Farbtönen vorhanden, von der weißen *L. martagon album* über mehr oder weniger klare Rosatöne bis zum tiefen Weinrot von *L. martagon cattaniae* bzw. *L. m. dalmaticum*, Formen, die aus Südosteuropa stammen, sich aber bereits seit langem in Gartenkultur befinden. Für Gärten mit schwerem Lehmboden, in denen Lilien gewöhnlich nicht viel Freude machen, sind sie ideal; wem die Blüten ein wenig zu klein und die Farben zu matt sind – sie machen das allerdings durch die große Zahl von Einzelblüten wett –, der sollte es mit den sogenannten Marhan-Hybriden versuchen, deren Blüten durch ihre intensivere Farbgebung stärkere Wirkung entfalten und die durchweg eindrucksvollere Pflanzengestalten sind. Sie sind nicht ganz so leicht erhältlich und preiswert wie die üblichen Lilienhybriden, aber die Suche lohnt sich, 'J. S VAN DIJT', 'MRS. BACKHOUSE' und 'CLAUDE SHRIDE' sind Sorten, die das Farbthema Ockergelb-Braunorange-Weinrot von Hellcreme bis Rotbraun variieren. 'ZLATICE' ist eine lebhaft cremeweiße, dunkel gefleckte Verbesserung von *Lilium martagon album*. Die Zucht dieser Sorten reicht zurück ins frühe zwanzigste Jahrhundert. Der amerikanische Lilienzüchter Jan de Graaf bot eine Farbmischung lange Zeit unter dem Namen 'PAISLEY STRAIN' an, doch die weltweite Nachfrage bevorzugte die Trompetenlilien und asiatischen Hybriden, und diese schönen und gartentauglichen Lilien gerieten weitgehend in Vergessenheit. Es ist zu hoffen, dass sie wieder mehr Freunde finden, sind sie doch ausgesprochen langlebig und bilden mit den Jahren eindrucksvolle Gruppen von bis zu 1,50 Meter hohen Blütenständen.

LINKS Die zimtfarbene 'Jupiter' / **OBEN** *Lilium martagon* und ihre Hybriden, *L. martagon* (ganz oben links) *L. martagon album* (oben rechts), 'Claude Shride' (oben links)

Neben der Verbänderung ist die Proliferation (Durchwachsung) eine der häufiger auftretenden Mutationen. Dabei wächst aus der Mitte einer Blüte eine zweite, manchmal sogar eine dritte kleinere Blüte, oder eine große Blüte umgibt sich mit einem Kranz von kleineren (»Henne mit Küken«). Auch aus einem Blütenstand, der mehrere Blüten umfasst, kann ein weiterer, kleinerer herauswachsen; die Etagenprimeln sind ein Beispiel dafür, dass eine solche Abweichung schließlich das – keineswegs abnorme – Merkmal einer ganzen Art werden kann. Durchwachsene Einzelblüten finden sich bei gefüllten Anemonen und Ranunkeln besonders häufig. Viele botanische Werke des Barock dokumentieren dies, die Ergebnisse sind oft keineswegs monströs, sondern durchweg ansehnlich.

Auch manche Rosensorten neigen zur Proliferation, besonders solche, die an sich schon ein grünes Auge inmitten ihrer dichten Füllung haben. In meinem eigenen Garten zeigt die englische Rose 'Constance Spry' hin und wieder ihre Absicht, aus der Mitte einer Blüte heraus eine weitere zu bilden. Die Ergebnisse lassen aber meist zu wünschen übrig und erreichen bei weitem nicht die Schönheit und Vollkommenheit, die alte Darstellungen zeigen. Die Durchwachsung einer gefüllten Blüte scheint spontan aufzutreten, der Henne-und-Küken-Typ allerdings ist stabil und tritt bei manchen Einjährigen regelmäßig auf, so beim Schlafmohn, der Jungfer-im-Grünen und beim Maßliebchen. Und die »doppelte Blüte«, also eine zweite Reihe von Petalen, ist bei einigen Pflanzenarten ein

LINKS Martagon-Lilien aus Weinmanns *Phytanthoza-Iconographia*: zwischen der rötlichen und der reinweißen ist eine überaus schöne weißrosa Form mit dunklen Punkten dargestellt / **RECHTS** Henne-und-Küken: Die proliferierende Form von *Bellis perennis*

keineswegs seltenes erbliches Merkmal. Sind die Blütenblätter zudem miteinander verwachsen, so entsteht ein zusätzlicher Effekt (»Hose-in-Hose«). Hiervon wird bei den Primeln noch ausführlich die Rede sein.

✤ Die letzte vorgestellte Veränderung ist die Vireszenz, das heißt die Umwandlung von Teilen der Blüte in blattartige Strukturen.

✤ *Plantago major*, der Breitwegerich, das allgegenwärtige, von Pollenallergikern gefürchtete Unkraut, fand seinen Weg in die erlesensten Kollektionen des 17. Jahrhunderts, weil es eine Form mit »rosenartigem«, stark verkürztem Blütenstand gibt, bei der jedes winzige Einzelblütchen von einem ebenso winzigen grünen Blatt umhüllt ist. Diese rundliche Form *Plantago major* 'Rosularis' kann man hin und wieder auch heute noch im Angebot der Staudengärtner finden. Eine proliferierende Form mit vielfach verzweigtem Blütenstand *Plantago major* 'Tony Lewis' existiert ebenfalls noch, ein Muss für Jäger verlorener Schätze, weniger eine Zierde heutiger Gärten.

✤ Von der grünen Primel wird noch zu reden sein, ebenso von den grünen Schneeglöckchen und ganz besonders von den grüngerandeten Aurikeln; aber Vireszenz beschränkt sich nicht auf die Blüte, sie macht auch vor den Früchten nicht halt: Schon sehr früh hielt die Borstige Erdbeere (*Fragaria vesca* 'Muricata') Einzug in die Gärten, eine ganz gewöhnliche Walderdbeere, deren winzige Früchte sich jedoch in einen haarigen grünen »Mäusepelz« hüllen. John Tradescant entdeckte sie 1620 in einem Garten im englischen Plymouth, daher heißt sie auch Plymouth-Erdbeere. Die Samennüsschen, die auf der Oberfläche der Erd »Beere« (im botanischen Sinn ist sie gar keine Beere) sitzen, sind bei ihr zu winzigen Blättchen umgestaltet. Im Übrigen besitzt sie weder Erdbeergeschmack noch überhaupt nennenswertes Fruchtfleisch, ist aber eine entzückende kleine Abnormität. Wer sie heute im Garten ziehen möchte, sollte sie im Topf halten, So lassen sich die exzentrischen kleinen Früchte aus der Nähe bewundern, und sie kann mit ihren zahllosen Ausläufern nicht zur Plage werden, denn ihre Vermehrungsrate ist wie bei allen Walderdbeeren überwältigend.

✤ In botanischen Gärten findet man hin und wieder noch die Erdbeere von Versailles, *Fragaria vesca* 'Monophylla'.

Duchesne selbst hat sie 1761 in seinem Garten entdeckt und nachgewiesen, dass es sich um eine stabile Mutation handelt, das heißt, die »Erdbeere mit einfachem Blatt« fällt samenecht. Neben dem ungeteilten Blatt weist diese Form häufig auch eine mehr oder weniger starke Vireszenz der Blüten auf: Ähnlich wie bei den Jack-in-the-Green-Primeln haben Blüten und Früchte eine Halskrause aus kleinen Blättchen statt des üblichen fünfzipfligen Kelchs. Ausgesprochen selten, jedenfalls nicht mehr im Handel, ist die vireszente Form der Himbeere *Rubus idaeus* 'Phyllanthus', deren Früchte eher an Hopfen denken lassen als an die süße Delikatesse unserer Küchengärten.

✦ Viele dieser kuriosen Formen findet man erstaunlicher Weise heute noch bei der Ranunkel: Die gänzlich grünen Blüten der Sorten 'Baia verde' und 'Monet', die durchwachsenen Blüten von 'Hanbury' und 'Camporosso' und als Krönung 'Grimaldi', rosa-weiß gestreift mit grünem Herz – leider sind sie alle nur als Schnittblumen zu haben.

ZWIST UNTER BLUMENFREUNDEN

Der Blumist hält eine volle, nach den Regeln der Schönheit erprobte Blume für vorzüglich, wogegen der Botaniker, wenigstens Herr Ehrhardt, jede volle Blume, weil sie keine Zeugungstheile haben soll, als Missgeburten [sic] verwirft. Er greift die Blumisten, welche an Abarten und vollen Blumen ihr vorzügliches Vergnügen haben, am kitzlichsten Orte an, wenn er ihnen stillschweigend allen gesunden botanischen Menschenverstand abspricht, insofern die mehresten Blumisten an übernatürlichen, an kranken und zu Mißgeburten gehörigen Pflanzen Geschmack fänden.

G. LIEBNER,
VOM BLUMISTISCHEN WERTH DER VOLLEN BLUMEN,
*NEUE BUNZLAUISCHE MONATSSCHRIFT ZUM NUTZEN
UND VERGNÜGEN*, BUNZLAU 1785

✦ Im Jahre 1785 fühlte sich der Bunzlauer Kämmerer und große Blumist Gottlob Liebner bei der Lektüre von Ehrhardts »Gartenanmerkungen« in Hirschfelds *Taschenbuch für Gartenfreunde*, einem Almanach für Liebhaber der Gartenkunst, an seiner empfindlichsten Stelle gekitzelt.

Zwischen den Botanikern einerseits, an ihrer Spitze Carl von Linné – Ehrhardt war Hofbotaniker in Hannover-Herrenhausen und den Linnéschen Anschauungen verpflichtet – und den Gärtnern andererseits herrschte Streit. Sind gefüllte Blumen mit Recht die Favoriten der Blumenfreunde? Oder handelt es sich um widernatürliche Monstrositäten, ähnlich den Abnormitäten – Lieblinge barocker Gärtner, aber den aufgeklärten Wissenschaftlern der neuen Zeit ein Greuel?

✦ Ein Botaniker von heute, Helmut Poppendieck aus Hamburg, hat überzeugend dargelegt, dass hier zwei Positionen aufeinandertrafen, bei denen es um weit mehr ging als um die reine Blumenliebhaberei. Auf der einen Seite standen die Blumengärtner, auf der anderen die naturphilosophischen Fundamentalisten, die den Menschen als Störfaktor einer reinen und gesunden Natur betrachteten. Erlaubt war ihm nur, zu beobachten und die Natur betrachtend zu genießen. Jegliche Einmischung erschien von diesem Standpunkt aus als Frevel, besonders

OBEN Eine Ranunkel mit Randzeichnung der Blütenblätter (»Pikotte«) aus dem British Florist (Adlard, ca. 1840), wie man sie manchmal auch als Topfranunkel findet / RECHTS Eine Pikotte, hier sogar mit einer Durchwachsung

dann, wenn eine sonst nicht lebensfähige »Missgeburt« am Leben erhalten wurde – gefüllte Blüten sind überwiegend infertil, die Pflanzen müssen vegetativ, d. h. durch Menschenhand, vermehrt werden.

✚ Tatsächlich hatten sich in der zweiten Hälfte des 18. Jahrhunderts der Gartengeschmack und die Wahrnehmung der Natur verändert. Nicht nur die regelmäßigen abgezirkelten Beete und geometrisch geschnittenen Hecken des Barock hatten unter dem Einfluss der Vorstellungen Rousseaus (»Zurück zur Natur!«) und der Theorie des englischen Landschaftsgartens einer weit weniger formalen, als natürlicher empfundenen Gartengestaltung weichen müssen. Auch die Betrachtung der »unberührten« Natur und ihre ästhetische Wertschätzung waren zum Allgemeingut der kulturell führenden Schichten geworden.

Aber ist es doch nicht betrübt, daß im Jahre 1782 in einem Lande, wo Wissenschaft und Künste blühen, noch Leute sind, die zu den klaßischen Schriftstellern der Gärtnerei gehören wollen, die nicht wissen, dass gefüllte Blumen Missgeburten, und die mehresten buntblättrigen Pflanzen krank sind? … Ich wünsche ja nicht, daß man jedes darin befindliche Monstrum vegetabile sogleich ausreissen und vertilgen und gar nichts dergleichen dulden sollte… Nur wünsche ich, dass solche nicht zu oft vorkommen, und der Garten dadurch nicht zu einem vegetabilischen Kastratengefängnis, Lazareth oder Siechenhaus gemacht werde.

EHRHARDT, »GARTENANMERKUNGEN«,
IN: *TASCHENBUCH FÜR GARTENFREUNDE AUF DAS JAHR 1784*

✚ Übrigens waren zu Zeiten Liebners und Ehrhardts die Gräben nicht so tief, wie es den Anschein haben könnte, denn wenngleich der Kieler Gartentheoretiker Hirschfeld ein Verkünder des neuen »natürlichen« Gartengeschmacks war, so finden sich in seinen Gartenkalendern trotzdem durchaus Artikel blumistischen Inhalts, etwa über die Neueinführung exotischer Arten oder über die klassischen Blumistenpflanzen Nelken, Aurikeln und Tulpen. Besonders die gefüllte Nelke war gut geeignet, um die Kritik der Botaniker zurückzuweisen; trotz der voll gefüllten Blüten kann sie Samen bilden, und Liebner lässt

diese Gelegenheit nicht aus, den »Hrn. Garten-Anmerkungsmacher« Ehrhardt vorzuführen. Ein schönes Argument gelingt ihm in Bezug auf die gescheckten (panaschierten) Blätter, die Ehrhardt ja auch als krank und schwindsüchtig brandmarken möchte: Liebner erklärt zunächst, dass dem Botaniker, wenn er die »Art« (*species*) mehr schätzt als die »Abart« (*varietas*), die Holzäpfel und Feldbirnen gehören müssten, dem Blumisten aber die Borsdorfer Äpfel und Bergamottbirnen. Zuletzt weist er darauf hin, dass die bunten Blätter der Abarten auch eine Analogie im Reich der Menschen haben: »Ist derjenige Mensch, der nicht, wie ich, weiß und roth aussieht, krank, so müssen alle Zigeuner, Kalmucken, Mulatten, Mohren, Peruaner etc. ins Lazareth.« Schließlich bittet er, wenigstens so tolerant zu sein, wie es der Superintendent Lueder aus Dannenberg gewesen sei, der Botaniker und ein Anhänger Linnés, aber auch ein großer Blumist war und der »den Botaniker Beerwald die künstliche Befruchtung gelehret hat«. Dieser Bitte entsprechend sollen am Ende des Kapitels aus der großen Vielfalt von gefüllten Blumen und Pflanzen mit panaschierten Blättern eine Auswahl vorgestellt werden, darunter viele, deren Schönheit und deren Gartenwert unumstritten sind, aber auch solche, bei denen um die Gartenwürdigkeit heftige Diskussionen entbrennen könnten; die gefüllten Nelken, Aurikeln, Akeleien, Veilchen und Schneeglöckchen werden in den entsprechenden Kapiteln behandelt.

GEFÜLLTE BLÜTEN

✚ Eine Frage, die die Gärtner des 18. und noch des 19. Jahrhunderts bewegte, war, ob man durch Anwendung bestimmter Kultivierungstechniken gefüllte Blüten und abnorme Blüten hervorbringen könnte. Der Engländer John Hill war der Autor zweier Werke zu diesem Thema, die beide ins Deutsche übersetzt wurden und regen Widerhall fanden. Liebners Kronzeuge Lueder nannte sie beide »sehr lehrreich«: *Die Art und Weise, durch regelmäßige Ordnung oder Wartung gefüllte Blumen aus einfachen zu ziehen* (1766) und *Vom Ursprung proliferirender Blumen* (1768). Hill meinte, durch häufiges Versetzen der Pflanzen und

intensive Düngung das Durchwachsen der Blüten herbeiführen zu können. Aus heutiger Sicht sind Zweifel durchaus angebracht. Was gefüllte Blüten betrifft, so weist er auf eine Zunahme der Füllung von Generation zu Generation hin, ein Vorgang, der tatsächlich so beobachtet werden kann. Ein solcher Ausleseprozess ist jedoch nur erfolgreich, wenn dafür die genetischen Voraussetzungen bereits vorliegen, eine Tatsache, die für heutige Züchter selbstverständlich ist, vor 250 Jahren aber auch den Botanikern noch unbekannt war: Damit eine Pflanze reguläre Blüten hervorbringt, müssen die für die Blütenbildung zuständigen Gene vollständig vorhanden sein, fallen eines oder mehrere davon aus, so kommt es zu Abweichungen in der Blütenbildung. Gefüllte und doppelte Blüten, Vireszenz und Proliferation, sie alle lassen sich als eine Kombination von Gen-Ausfällen erklären.

◆ Wenngleich manche der Methoden, die Hill und andere anwandten, um gefüllte Blüten zu erzeugen, uns heute zweifelhaft erscheinen, so hat doch die Vorstellung, dass ein Gärtner die Natur in dieser Weise manipulieren kann, die bis heute strittige Frage hinein aufgeworfen, ob der Agrarwissenschaftler oder Biologe »dem lieben Gott ins Handwerk pfuschen darf«.

◆ Und bis heute bleibt auch ein Paradox bestehen, nämlich »dass gefüllte Blüten weiterhin als ›gemacht‹ und ›künstlich‹ angesehen werden, obgleich es immer noch kein sicheres Rezept zu ihrer Erzeugung gibt und obgleich es sich bei den weitaus meisten kultivierten Formen um bestenfalls verbesserte Zufallsfunde aus der freien Natur oder dem Garten handelt.« (Helmut Poppendieck).

OBEN *Anemone nemorosa* ‘Bracteata Pleniflora’ / **RECHTS** *Ranunculus ficaria* ‘Colarette’

Büschel grüner Blättchen in der Blütenmitte, sowie weiß gefüllte Formen (besonders schön 'VESTAL'). Das gartenwürdigste Buschwindröschen ist allerdings eine infertile Hybride von *Anemone nemorosa* mit der nah verwandten *Anemone ranunculoides*, nämlich *Anemone* x *lipsiensis*. Zwar steril, aber in keiner Hinsicht monströs, ist diese mondlichtgelbe, reich und lange blühende Form ein wahrer Gartenschatz.

Die Gattung Hahnenfuß umfasst gleich mehrere Arten, die schon früh unsere Gärten durch ungewöhnliche Formen bereichert haben. Als erstes Mitglied bietet das altbekannte Scharbockskraut *Ranunculus ficaria* schon im Vorfrühling eine Fülle ungewöhnlicher Formen auf, um den Gartenfreund zu beeindrucken, neben gefüllten und vireszenten Blüten auch solche mit abweichender Blattfarbe. Der *Plantfinder* listet etwa 100 Sorten auf, davon können etliche nicht nur die Sammler überzeugen: 'COLLARETTE' mit goldgelben gefüllten Knöpfchenblüten, 'SALMONS WHITE' cremeweiß und großblumig, 'DOUBLE MUD', ebenfalls cremeweiß, aber gefüllt, der *mud* (»Schmutz«) bezieht sich auf die Farbe der Blütenunterseite. 'GREEN PETAL' ist ein vireszenter Winzling, der leicht verloren geht, und 'BRAZEN HUSSY' eine empfehlenswerte Form mit kupferfarbenem Laub. Von den beiden gefürchteten Unkräutern *Ranunculus acris* und *Ranunculus repens* gibt es ebenso gefüllte Sorten *R. acris* ,Flore pleno' und *R. rempens var. pleniflorus* (d), wie vom Silberhahnenfuß *R. aconitifolius*, dessen gefüllte Form 'PLENIFLORUS', das Silberknöpfchen, ist schon im *Hortus Eystettensis* dargestellt. Zu Familie der *Ranunculaceen* gehört auch das Leberblümchen (*Hepatica nobilis*). Seine gefüllten Formen waren immer höchst begehrt, besitzen sie doch zierliche kleine Blütenrosetten von besonderer Regelmäßigkeit. Die gefüllte rosa Form (,Rubra Plena') ist wieder vielerorts zu haben, die blauen Varianten (etwa ,Plena Czech form') sind sehr gesucht und teuer, und die weißen geradezu legendär: sehr selten, sehr kostspielig und überdies nicht einfach zu halten. Eine nahe Verwandte des heimischen Leberblümchens, genauer seine japanische Spielart, entwickelte sich in den letzten Jahren beinahe zu einer Modeblume; seine Formen, von denen es Dutzende, wenn nicht gar Hunderte gibt, sind in Japan ebenfalls seit langer Zeit gesammelt, als Gartenschätze vermehrt und zu immensen Preisen gehandelt worden. Der Breitwegerich *Plantago major* besitzt nicht nur die uralte vireszente Form 'ROSULARIS' sondern auch die bedeutend jüngere, aus dem 19. Jahrhundert stammende rotblättrige Sorte

ALTE SORTEN MIT GEFÜLLTEN BLÜTEN

Die folgende Liste enthält Varietäten vorwiegend heimischer Pflanzen. Viele von ihnen befanden sich schon lange in Gartenkultur, bevor der Streit um die gefüllten Blüten begann. Verschiedene Formen der Walderdbeere Frag*aria vesca*, besonders *F. v.* 'MURICATA' mit ihren bepelzten Früchten und die ebenfalls vireszente 'MONOPHYLLA'; daneben gibt es auch eine gefüllte Form *Fragaria vesca* 'MULTIPLEX'; eine Zierform der Monatserdbeere: *F. vesca var. semperflorens* 'GOLDEN ALEXANDRIA'.
Das Buschwindröschen *Anemone nemorosa*; außer Farbvarianten wie 'ROBINSONIANA' (blau) und 'ROSEA' gibt es eine Reihe vireszenter Formen wie 'BRACTEATA PLENIFLORA', gefüllt, mit grünem Rand und weißer Mitte, und 'GREEN FINGERS' mit einem

'RUBRIFOLIA'. Ganz neu ist 'ROSENSTOLZ', eine Sorte, die beide Eigenschaften vereinigt.

»Henne mit Küken« findet man vorzugsweise bei einigen einjährigen Pflanzen, besonders aus der Familie der Korbblütler: Die Ringelblume *Calendula officinalis* 'PROLIFERA' findet sich zwar schon seit Anfang des 17. Jahrhunderts in den Florilegien, heute jedoch höchstens noch bei britischen Samenspezialisten, ebenso *Bellis perennis* 'PROLIFERA', die proliferierende Form des Maßliebchens oder Tausendschöns.

Die Salomonssiegel *Polygonatum odoratum* und *P. multiflorum* werden schon seit dem Mittelalter als Gift- und vermeintliche Heilpflanzen kultiviert. Sie haben in ihrer Verwandtschaft gefüllte, panaschierte und sogar verästelte (razemöse) Formen aufzuweisen. Das gefüllte *Polygonatum odoratum* 'FLORE PLENO' kannte schon der Niederländer Abraham Munting, der es 1682 in seinem Kräuterbuch *Phytographia curiosa* abbildete. Es findet sich auch ein Abdruck in der *Botanica in Originali* von 1733 des Erfurter Medizin- und Botanikprofessors Kniphof, einem frühen Werk des Naturselbstdrucks – ein Verfahren, bei dem die Pflanzen selbst zum Drucken verwendet werden. Es gibt mehrere panaschierte Formen, von sehr dramatisch gestreiften Varianten bis hin zu dem eleganten *Polygonatum odoratum* var. *pluriflorum* 'VARIEGATUM', dessen Blätter einzig einen schmalen, hellen Saum aufweisen. Die razemöse Form (*P. multiflorum* 'Ramosissima') mit stark verästeltem Blütenstand ist sehr selten und ein echtes Kuriosum.

Das mit dem Salomonsiegel nah verwandte Maiglöckchen *Convallaria majalis* hat unter anderem eine gefüllte, eine rosafarbene und eine proliferierende Varietät hervorgebracht. Wirklich spektakulär ist nur die gefüllte Form, dabei erstaunlich selten. Die proliferierende Form hat einen verzweigten Blütenstand mit Träubchen von kleinen Blüten, die so dicht stehen, dass sie gefüllt wirken. Fast immer, wenn 'PLENA' oder 'FLORE PLENO' angeboten wird, erhält man 'PROLIFICANS'. Die echte 'FLORE PLENO' hat eine doppelte Reihe von Blütenblättern; ihr Zuwachs ist nur sehr gering; sie ist aber den hohen Preis wert, den man für sie bezahlen muss, denn wie bei Rosen und Veilchen intensiviert sich der Duft durch die Füllung.

Die panaschierten Formen des Maiglöckchens sind bei den besten Formen auch im Garten beeindruckend. Die beinahe parallel verlaufenden weißen Linien auf den Blättern haben eine graphische Wirkung, wie man sie sonst nur von Blattpflanzen der tropischen Regenwälder kennt. Es gibt Sorten mit weißer und solche mit eher goldfarbener Streifung. 'ALBOSTRIATA' ist die bekannteste, Neueinführungen werden häufig als »Verbesserungen« dieser Sorte vorgestellt, eine exzellente Selektion ist 'VIC PAWLOWSKI'S GOLD'. Man sollte sich jedoch nicht täuschen lassen, alle benötigen dauernde Aufmerksamkeit, sie schlagen sehr leicht in die normale grüne Form zurück und müssen daher immer neu selektiert werden.

Ein Liebling barocker Gärtner und Maler war die Kaiserkrone *Fritillaria imperialis*, wie viele der Blumenzwiebeln dieser Zeit aus dem Osmanischen Reich zu uns gekommen. Von ihr gibt es sowohl eine proliferierende Form, die bekannte 'KRON UP KRON' mit zwei Reihen Blütenglocken übereinander, als auch eine verbänderte, 'SLAGZWART' mit extra breitem Stängel. Auch zwei unterschiedliche panaschierte Formen existieren, 'ARGENTO-VARIEGATA' und 'AUREOVARIEGATA', die eine somit mit silberner, die andere mit eher goldener Panaschierung der Blätter.

Gefüllte Formen von Blumenzwiebeln, Lilien beispielsweise, Hundszahn (*Erythronium dens-canis*), Iris und Schachbrettblume (*Fritillaria meleagris*), sind entweder ganz verschwunden wie die gefüllte Form *Iris sibirica* oder doch sehr selten geworden. Ihre Blütenform reicht kaum jemals an die klassische Schönheit der Stammform heran, und so verwundert es wenig, dass diese Kuriositäten nicht mehr das Interesse der Gartenliebhaber finden. Einige wenige Ausnahmen gibt es, *Erythronium dens-canis* 'MOERHEIMII' ist der gefüllte Hundszahn, eine begehrenswerte Rarität, und die gefüllte Martagon-Lilie wurde in jüngster Zeit von holländischen Züchtern angeboten.

Eine bemerkenswerte Ausnahme bilden auch die Herbstzeitlosen. Während die einfachen Blüten der verschiedenen *Colchicum*-Arten vorzüglich in naturnahe Gärten passen, wo sie bereits im Herbst eine Vorahnung des kommenden Blumenzwiebelfrühlings herbeizaubern, sind die gefüllten Formen weniger leicht in Gartenbilder einzufügen. Allerdings lassen sie sich hervorragend in Töpfen ziehen (und nach der Blüte im Garten auspflanzen) um sie auf der Terrasse und sogar auf der Fensterbank als herbstliche Dekoration zu verwenden. *Colchicum* 'WATERLILY' hat große pinkfarbene gefüllte Blüten, ist aber mit ihren hundert Jahren nicht wirklich alt. Clusius kannte dagegen schon eine gefüllte Form des heimischen *Colchicum autumnale*. Besonders schön und ebenfalls schon lange in Gartenkultur ist das weiße gefüllte *Colchicum autumnale* 'ALBOPLENUM', das

darüber hinaus durch seine lange Blütezeit erfreut. Für den Verächter gefüllter Blüten bietet die Gattung aber ebenfalls Besonderes: Schon seit Anfang des 17. Jahrhunderts erfreute man sich an den schachbrettartig gefleckten Blüten mancher Arten, die ebenfalls aus osmanischer Gartenkultur ihren Weg nach Europa gefunden hatten. Eine alte gefleckte Gartenhybride ist das sterile *Colchicum* x *agrippinum*, leider in jüngster Zeit selten – und teuer – geworden. Dabei lässt es sich gut vegetativ vermehren, so dass man immer eine Handvoll Zwiebeln zur Verfügung hat, um sie in Töpfen für den Herbstflor zu ziehen. Zwei Pflanzen nordamerikanischer Herkunft mit gefüllten Blüten waren bei denen, die sie kennen, allerdings niemals umstritten. Sie gehören unzweifelhaft zu den schönsten Gartenstauden überhaupt. *Sanguinaria canadensis*, die nordamerikanische Blutwurz, ist eine hübsche, strahlend weiß blühende Frühlingspflanze; ihre Blütenblätter fallen jedoch allzu schnell ab, so dass ihre blaugrünen gelappten Blätter höchstens einen extravaganten Bodendecker darstellen, bis sie relativ früh einziehen. Ihre Form 'MULTIPLEX' allerdings ist ein Star des Frühlingsgartens mit seerosengleichen, regelmäßig gefüllten Blüten, die weitaus reichlicher erscheinen und zudem haltbarer sind als die der Stammform. Selbst wenn die Blütenblätter schließlich abfallen, wirken sie ein letztes Mal dekorativ auf dem noch kahlen Frühlingsboden.

Die andere ist die gefüllte Form des Großblumigen Trilliums, *Trillium grandiflorum*. Das Trillium selbst ist schon von herausragender Schönheit in dem dreifach symmetrischen Aufbau der Blüte und der gesamten Pflanze sowie der glitzernd weißen Farbe der Blütenblätter. Sein Abkömmling 'SNOWBUNTING' hat die Zahl dieser Blütenblätter vervielfacht, die Eleganz der Dreifachstruktur aber auch im Blütenaufbau bewahrt. Der Anblick eines reich blühenden Horstes ist atemberaubend. Wer danach noch immer gefüllte Blüten für Missgeburten hält, dem ist nicht zu helfen.

Quisque fr

CHACUN AIME, ENTRETIENT LES SIEN
L'AURICULE NOURIT LES MIENS.

DIE AURIKEL – *Lebende Antiquitäten*

✦ Die Aurikel ist eine altbekannte Gartenpflanze und überdies neben Edelweiß und Enzian die bekannteste Alpenpflanze. Verwunderlich ist nur, wie wenig Gartenaurikel und echte Alpenaurikel (*Primula auricula*) einander gleichen.

✦ Der erste, der bemerkte, dass es sich bei den »Bergsanickeln«, die in den Gärten des kaiserlichen Wien gezogen wurden, genau genommen um zwei verschiedene Pflanzen handelt, war der Botaniker Carolus Clusius im Jahre 1583. Die eine ist zwar die echte gelb blühende Alpenpflanze mit ihren charakteristischen weiß bemehlten, ledrigen Blättern, die andere jedoch, obwohl recht ähnlich, muss gesondert betrachtet werden. Clusius bemerkte, dass die Nachkommen der Alpenaurikel grundsätzlich gelb blühend und weiß bemehlt sind, die Sämlinge der anderen aber recht unterschiedlich aussehen können. So sind die Blätter oder die ganze Pflanze einmal gänzlich unbemehlt, dann wieder erscheinen sie wie mit Puderzucker bestäubt. Zudem können die Pflanzen von sehr unterschiedlicher Größe sein, und – in der Natur recht ungewöhnlich – es gibt eine Fülle verschiedener Blütenfarben. Die Alpenaurikel nannte er daher *Auricula ursi I*, die andere *Auricula ursi II*. *Auricula ursi* heißt »Bärenöhrchen« und bezieht sich offensichtlich auf das bemehlte, »bepelzte« Blatt.

✦ *Auricula ursi II* ist die Pflanze, die heute Garten- oder Schau-Aurikel genannt wird, im Unterschied zur »echten« Alpenaurikel *Auricula ursi I*, die schon kurze Zeit später wieder aus der Gartenkultur verschwand und erst für die Steingärten des 19. und 20. Jahrhunderts wiederentdeckt wurde. Aber auch von *Auricula ursi II*, die als Gartenpflanze ihren Siegeszug durch Europa antrat, sind die wilden Stammeltern wieder in Vergessenheit geraten, bis sie 200 Jahre später noch einmal entdeckt wurden: Der Botaniker Franz Xaver von Wulfen erhielt Ende des 18. Jahrhunderts einige Pflanzen von Bauern aus dem österreichischen Pustertal. Es dauerte aber noch weitere 100 Jahre, bis das Rätsel der Herkunft der *Auricula ursi II* von dem österreichischen Botaniker Anton Kerner von Marilaun (1831–1891) wirklich gelöst wurde. Seine Untersuchungen ergaben, dass es sich um eine Naturhybride zweier nah verwandter

Primelarten handelt, der schon erwähnten *Primula auricula* und *P. hirsuta*, einer zwergigen, rotviolett blühenden, verwandten Art. Die Bastarde variieren die Merkmale ihrer Eltern hinsichtlich Größe und Form, so können die Blätter bemehlt sein wie bei *Primula auricula* oder glatt wie bei *P. hirsuta*. Vor allen Dingen zeigen ihre Nachkommen eine für Wildpflanzen außergewöhnliche Farbfülle, von hellstem Gelbweiß über Gelb, Braun, Rot, Purpur bis zu dunkelstem Blauviolett, ja Schwarz. Alle diese Farbtöne ergeben sich als Mischung der beiden Farbstoffe Gelb und Purpur der Eltern. Ihr gültiger botanischer Name ist *Primula x pubescens*. Das reiche Farbenspiel ist nicht die einzige gute Eigenschaft des »Bastards«: *P. auricula* stammt aus den Kalkalpen, *P. hirsuta* vom Urgestein (Schiefer). Die Naturhybride findet sich genau dort, wo die Verbreitungsgebiete aneinanderstoßen. Daher kommt sie sowohl auf saurem wie auf kalkhaltigem Boden zurecht. Da sie zudem die vielen Hybriden eigene Wüchsigkeit zeigt, bringt sie alle Voraussetzungen für eine ideale Gartenpflanze mit. Diese Vorzüge hatte bereits Clusius bemerkt, der ansonsten mit der Kultivierung von Alpenblumen wenig Erfolg hatte, denn die Standortwünsche der hochalpinen Pflanzen waren ihm und seinen Zeitgenossen noch unbekannt. Er sandte Samen der neuen Gartenpflanze an andere Botaniker in Europa, mit denen er korrespondierte, und schon Anfang des 17. Jahrhunderts war sie auf dem Kontinent und wohl auch in England überall anzutreffen. Als 1595 das Kräuterbuch des Hieronymus Bock von 1551 neu bearbeitet herausgegeben wird, enthält es bereits eine Anmerkung, dass die schöne *Auricula ursi* in Straßburg jetzt auch »mit bleichgelben und leibfarben bluemlin« gepflanzt werde.

AURIKELSAMMLER

✦ Die Aurikel war bald in den Gärten des Adels und der wohlhabenden Bürger verbreitet. Und im Gegensatz zu den teuren und seltenen Tulpen fand sie auch rasch Eingang in die Gärten der weniger Begüterten, ließ sie sich doch leicht durch Samen vermehren. Noch war die Anzahl der Sorten eher gering. Doch John Parkinson konnte 1629 in seinem Kräuterbuch *Paradisus* bereits mehr als 20 Sorten der

Gartenaurikel aufzählen. Man nimmt an, dass es hugenottische Emigranten waren, die ihre Pflanzen auf der Flucht mitnahmen und für die schnelle Verbreitung dieser Passion besonders unter den englischen Manufakturarbeitern sorgten. Auch auf dem Kontinent gab es bereits umfangreiche Sammlungen. Im schleswig-holsteinischen Gottorf ließ Herzog Friedrich III. seine Pflanzenkollektion um 1650 von dem Hamburger Blumenmaler Hans Simon Holtzbecker auf Pergament abbilden, darunter 28 verschiedene Aurikelsorten; ein größeres Sortiment ist für diese Zeit nirgendwo sonst durch Darstellungen dokumentiert.

◆ Auch andere adelige und reiche bürgerliche Sammler ließen ihre Kollektionen malen oder in Kupfer stechen. Johann Christoph Volkamers berühmte *Nürnbergische Hesperides* von 1708 enthält neben den Zitrusfrüchten, die Volkamer in seinem Nürnberger Garten zog oder aus Italien kommen ließ, noch einen Anhang, die *Flora Noribergensis*, der die Pflanzen aus dem Garten seines Bruders, des Arztes und Botanikers Johann Georg Volkamer, beschreibt . Neben vielen anderen, meist exotischen Pflanzen gehört dazu eine Sammlung von 66 Aurikeln und 49 Primeln. Wie an Hand eines zugehörigen gedruckten Verzeichnisses zu ersehen ist, von dem die Handschriftenabteilung der Universität Erlangen zwei Exemplare bewahrt und das um viele handschriftliche Einträge ergänzt ist, handelte es sich bei den Aurikeln vorwiegend um holländische Sorten.

◆ Eine in ihrer Art einmalige Sammlung von gemalten Aurikelporträts befindet sich im Generallandesarchiv in Karlsruhe. Höfische Prachtentfaltung war ein Merkmal absolutistischer Herrschaft und erstreckte sich selbstverständlich auch auf die Gartenkultur. So hätte wohl auch niemand Karl Wilhelm III., den Markgrafen von Baden-Durlach, der Blumenmanie bezichtigt, obgleich seine Leidenschaft recht ungewöhnliche Ausmaße angenommen hatte. Es heißt über ihn, dass er selbst in Gärtnerkleidung mit Spaten und Schaufel in seinem Garten gearbeitet habe. Er war ein höchst bemerkenswerter Mann, der sein von Kriegen verwüstetes Land innerhalb weniger Jahrzehnte zu einiger Blüte führte. Die Gründung Karlsruhes ist die Krönung seines Lebenswerks. Sein Privatleben allerdings gab Anlass zu allerlei Klatsch. So hielt er sich an seinem Hof an die 60 junge Mädchen, die bei Tische aufwarten, singen

und tanzen und ihn bei seinen Ausritten in Husarenuniform begleiten mussten. Immerhin hat der Markgraf ihnen allen eine gute Ausbildung zukommen lassen in den Fertigkeiten, die man im 18. Jahrhundert von Frauen bei Hofe erwartete. Der Name »Tulpenmädchen« für diesen »Serail« (Madame Staël) stammt allerdings wohl aus späterer Zeit.

◆ In seinem Garten zog der Markgraf Tausende von Pflanzen, die er aus der Schweiz, aus Frankreich und vor allem aus den Niederlanden kommen ließ, wo er selbst Botanik studiert hatte. Er besaß allein 5000 Tulpensorten, 800 verschiedene Hyazinthen, 600 Sorten von Nelken und 500 von Aurikeln. Er ließ sie alle von Malern porträtieren und die Bilder in Sammelwerken zusammenstellen. Diese »Karlsruher Tulpenbücher« haben die Bombennächte des Zweiten Weltkriegs mit wenigen bemerkenswerten Ausnahmen nicht überlebt. Eine davon ist eine Mappe mit 159 postkartengroßen Einzelblättern, jedes mit der Darstellung

OBEN 'Hearts of Gold', eine ganz neue Aurikel, 2009 zum ersten Mal vorgestellt.

einer einzelnen Aurikelblüte, fast alles unterschiedliche Sorten. Die Blätter sind nummeriert bis zur Nummer 603, es muss also noch weit mehr davon gegeben haben, offensichtlich ein Katalog aller Sorten, die im Garten des Markgrafen gezogen wurden. Manche davon, aber längst nicht alle, sind von bekannten Karlsruher Hofmalern und -malerinnen signiert. Auf anderen, unsignierten Blättern finden sich neben den Sortennamen handschriftliche Bemerkungen, »recht«, »nicht recht«, »zu violbraun«, die sich offensichtlich auf die malerischen Qualitäten beziehen. Gerhard Stamm, der Leiter der Badischen Landesbibliothek, zieht daraus einen interessanten Schluss: Diese Aurikelporträts sind unter Anleitung professioneller Künstler und Künstlerinnen gemalt worden im Rahmen jener Ausbildung, die die »Tulpenmädchen« auf Veranlassung des Markgrafen erhielten. Und damit sind sie nicht nur ein Dokument seiner Blumenleidenschaft, sondern auch seiner Leidenschaft für Frauen.

✦ Den größten Anteil in allen diesen Sammlungen hatten, ganz dem Geschmack der Zeit entsprechend, die Sorten mit gestreiften Blüten. Unter Umständen, über die noch zu sprechen sein wird, fallen sie in der zweiten Hälfte des 18. Jahrhunderts aus der Mode und sind für lange Zeit so gut wie vollständig verschwunden. Erst in allerjüngster Zeit haben sich englische Züchter um eine Wiederbelebung bemüht, so dass wieder Aurikeln existieren, die den Sorten der botanischen Prachtwerke jener Tage ähnlich sehen.

✦ Im 17. Jahrhundert war Frankreich neben den Niederlanden führend in der Blumenzucht. Die *Curieux Fleuristes*, vornehme Blumenliebhaber, schrieben gelehrte Abhandlungen über die »Blumen ersten Ranges«, die ein Mann von Geschmack in seinem Garten zu ziehen hatte. In Frankreich wurde daher das erste Buch geschrieben, das sich nur mit der Aurikelkultur befasste: *Nouveau Traité de la culture parfaite des Oreilles d'ours ou auricules*, Paris 1738, verfasst von einem leidenschaftlichen Aurikelfreund, dem Direktor der Finanzen Charles Guénin. Ein Exemplar befindet sich in der berühmten Sammlung botanischer Werke des Nürnberger Arztes und Naturforschers Dr. Christoph Jacob Trew (1695–1769). Es hat den Anschein, dass er selbst ein großer Aurikelliebhaber gewesen ist. In seinem Nachlass fanden sich nicht nur 19 Aurikelverzeichnisse niederländischer und

deutscher Handelsgärtner, sondern auch das erwähnte Namensverzeichnis der Pflanzen Johann Georg Volkamers. Trews Exemplar ist handschriftlich um weitere Sorten ergänzt worden. Die Volkamersche Sammlung umfasste offensichtlich weit mehr als nur die dargestellten 66 Sorten und ist anscheinend später immer noch erweitert worden. Auch in sein Prachtwerk *Hortus nitidissimis* hat Trew großformatige Darstellungen von Aurikeln aufgenommen. Clusius und Trew stehen an herausragender Stelle für eine Epoche, in der Blumenliebhaberei und Wissenschaft zwanglos Hand in Hand gegangen sind.

✦ Die entscheidenden Ereignisse für die Zukunft der Aurikel fanden allerdings in England statt. Die Holländer und Flamen züchteten, wie die Franzosen, vor allem Aurikeln ohne irgendeine Bemehlung, diese hießen im deutschen Sprachgebrauch deshalb »Luiker« (Lütticher) Aurikeln. In England war dagegen die bemehlte Form vorherrschend. Diese wurden in Deutschland, wo beide Formen gezogen wurden, »Englische« (oder Gepuderte) Aurikeln genannt, selbst dann, wenn man sie von einem niederländischen Handelsgärtner bezog. Und irgendwo in England kam es dann zu einem Ereignis, das das weitere Schicksal der Aurikel bestimmen würde. Wie vielleicht unzählige Male zuvor erschien eine Pflanze mit vireszenten Blüten. Ein Jahrhundert zuvor hätte man sie vielleicht in eine Sammlung von Monstrositäten aufgenommen, und im 18. Jahrhundert mochte sie ebenfalls noch das Interesse von Sammlern ungewöhnlicher Formen erregen – auch in der Trewschen Sammlung findet sich eine Zeichnung mit vireszenten Aurikeln – in England aber wurde sie das bevorzugte Objekt der Züchter. Sie richteten all ihre Anstrengungen darauf, diese Spielart zu verfeinern und auszuformen. Wie man sich erinnert, kann das Blatt der Gartenaurikel bemehlt oder unbemehlt sein, immer aber ist es dick und lederig. Diese Eigenschaften zeigten sich auch an den vireszenten Blüten. Der Rand des Blütenblatts war von derselben festen Substanz wie die Blätter, oft mit einer dicken grauen oder weißen Puderschicht bestäubt. Dieser Puder konnte auch gänzlich fehlen, dann war das Blütenblatt glänzend grün. Von jenem ersten Moment, an dem sich die Aufmerksamkeit der englischen Aurikelenthusiasten diesem Phänomen zugewandt hatte, widmeten sie sich im

PLATE 1.

Fig: 1....

Fig: 2....

Fig: 3....

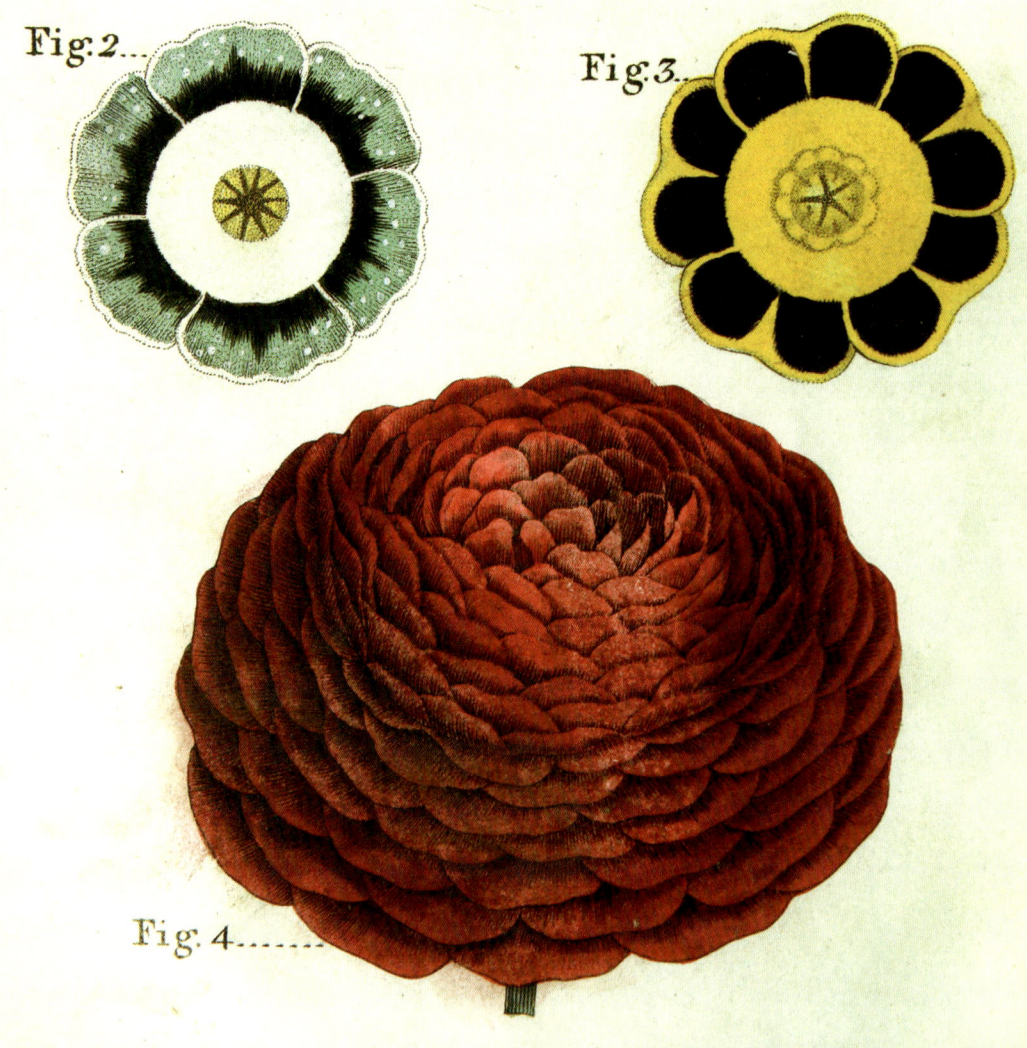

Fig: 4........

wesentlichen nur noch der Vervollkommnung dieser beiden Typen, der grüngerandeten und der graugerandeten Pracht-aurikel. Es wurden sehr präzise Regeln festgelegt, denen sie sich von nun an zu unterwerfen hatte.

✤   Nur solche Pflanzen fanden Gnade vor dem Auge des Gärtners, die diesen Normen entsprachen. Diese Regeln sind seitdem kaum verändert worden und haben als Richtlinien für die Züchter bis heute Gültigkeit. Es versteht sich von selbst, dass solche edlen Pflanzen nicht im freien Lande, sondern in Töpfen kultiviert wurden.

✤   Die besonderen Eigenschaften einer guten Aurikel sind demnach folgende:
- die Blüte muss kreisrund sein,
- der Ring um das Auge muss fehlerfrei weiß bemehlt sein
- selbstverständlich muss der Gesamtzustand der Pflanze fehlerlos, d.h. gesund sein,
- die Blüten dürfen nicht langgriffelig sein, das heißt der Stempel darf nicht sichtbar sein, sondern der Kranz der Staubgefäße soll den innersten Ring bilden.

✤   Hierzu muss man wissen, dass viele Primelarten zweierlei Blüten ausbilden, bei einem Teil ragt der Stempel aus der Blüte hervor, bei anderen ist er tief in der Kronröhre verborgen (kurzgriffelig). Vermutlich entschieden sich schon die frühen französischen Aurikelliebhaber aus ästhetischen Gründen für die Formen mit kaum sichtbarem Stempel; tatsächlich wirkt sie harmonischer. Die bis dahin so beliebten gestreiften Sorten haben die genannten Kriterien eigentlich nie erfüllen können, da ihre Blüten gewöhnlich nicht rund sind und die Bemehlung nicht gleichmäßig ist, ebensowenig die gefüllten, denn sie haben kein Auge. Und so sind zumindest in England all die ge-streiften und gefleckten Picotten, Bizarden und Bi-Bizarden, die dreifarbigen *Painted Ladies* und viele andere mehr am Ende des 18. Jahrhunderts schlagartig aus der Zucht verschwunden; nur hier und dort hat sich in abgelegenen Gärten die eine oder andere Sorte erhalten.

✤   Nach heutigem, auch im Englischen gültigem Sprach-gebrauch ist ein Florist jemand, der Schnittblumen verkauft und arrangiert. Die Floristen des alten England waren allerdings etwas anderes: in Gesellschaften – den *florists' societies* – zusammengeschlossene Blumenliebhaber, die sich einer, manchmal auch mehrerer Blumen verschrieben

hatten, mit dem Ziel, ihre Blüten zu höchster Perfektion zu vervollkommnen. Die Anzahl der geeigneten Pflanzen war gering. Nelken, Tulpen, Hyazinthen, Ranunkeln, Anemonen, die Polyanthus-Primel und eben die Aurikel wurden von ihnen für würdig befunden. Die Züchter stellten ihre Pflanzen in jährlichen Ausstellungen den Richtern vor, und wie noch heute bei einer Rassehunde-Bewertung wurden nach äußerst strengen Kriterien die Champions gekürt.

✤   Gute Pflanzen erlangten schnell Berühmtheit und waren als Eltern neuer Sämlinge begehrt, solche mit Fehlern wie sternförmigen Blüten oder gar Langgriffeligkeit wagten die Züchter erst gar nicht bei einem Wettbewerb vorzustellen, um sich nicht lächerlich zu machen. Das Ergebnis war eine stetige Verbesserung im Sinne der vorgegebenen Maßstäbe mit schließlich atemberaubend perfekten Blüten, aber auch eine Beschränkung auf die wenigen Typen, mit denen diese Standards zu erreichen waren. Zu diesen heute Schau-Aurikeln genannten Typen traten dann im 19. Jahrhundert noch die verfeinerten Formen der unbemehlten Luiker hinzu, die sich auf dem Kontinent großer Beliebtheit erfreuten und die in England als Alpinaurikeln bezeichnet werden.

✤   Während die englischen Züchter darin wetteiferten, die beste Aurikel zu züchten, verlief auf dem Kontinent die Entwicklung entscheidend anders: Die neuen Englischen Aurikeln wurden zwar besonders geschätzt, aber die alten Sorten daneben durchaus noch gepflegt. Die englischen Floristen waren zumindest teilweise kleinbürgerliche Handwerker, Nachkommen der hugenottischen Weber, manchmal auch wohlhabende Bürger oder Landadelige. In Deutschland wurde die Blumenzucht das Steckenpferd einer neu entstehenden bürgerlichen Schicht von einiger Wohlhabenheit. Sie wollten die Blumen, die sie liebten, mit Verstand behandeln, das heißt erfolgreich ziehen, klassifizieren und systematisieren, ihre Erfahrungen weitergeben und diskutieren. Etwa ab Mitte des 18. Jahrhunderts finden sich in den monatlich erscheinenden Magazinen Artikel über die Kultur der Aurikel, meist für Anfänger, aber auch speziellere Themen wie Überwinterung, Samenvermehrung und Versand von lebenden Pflanzen. Bücher über die Kultur von Blumen enthalten nun fast immer einen längeren Abschnitt über die Aurikel.

LINKS Die ideale Blütenform von Hyazinthe, Aurikel, Gold Laced Polyanthus und Ranunkel bei Maddock, The Florist's Directory, London 1792

❧ Die Anhänger des Philosophen Immanuel Kant, heißt es, wählten sich die kleine Blume zum Erkennungszeichen. Einen Schlafrock mit Aurikelmuster, wie es die Legende wissen will, hat er wohl nicht besessen, aber die Aurikel diente ihm mehrfach als Beispiel in seinen Ausführungen. So beginnt seine Schrift über die Pädagogik mit dem berühmten Aurikelgleichnis, in dem er die Erziehung des Menschen mit dem Heranziehen von Aurikeln in all ihrer bunten Vielfalt vergleicht, und er rät, sich die Natur zum Vorbild zu nehmen, wenn man sich mit Geschmack zu kleiden sucht: »Eine gelbe Weste passt zum braunen Oberkleid, das zeigen uns die Aurikeln«.

❧ Der lutherische Hofprediger Ludwig Christoph Schmahling versuchte eine christliche Rechtfertigung seiner Aurikelpassion und fügte seinem theologischen Hauptwerk, der *Ruhe auf dem Lande* (1767–1774) einen Abschnitt »Über die Schönheit der Aurikel« bei. Von einem gewissen Konradi wurden später die Kapitel über Blumenkultur – ohne die Theologie und vermutlich auch ohne Genehmigung des Autors – unter dem Titel *Ästhetik der Blumen* (1786) erneut veröffentlicht. Schmahling selbst war Herausgeber der Zeitschrift *Nachrichten aus dem Blumenreiche* (1784–1789), in der er den Blumisten einen Überblick über aktuelle Entwicklungen aus allen Bereichen der Blumenzucht zu bieten versuchte.

❧ Christian Heinrich von Brocke (1713–1778), Rat am herzoglichen Hof von Braunschweig, zog sich in seinen Blumengarten zurück, weil er sich vom allzu förmlichen Hofleben erholen wollte. Die erste in Deutsch verfasste Abhandlung *Vom Baue der Auriculn*, die auf die Klassifikation und die Schönheitsregeln eingeht, ist die eines »großen Blumen Freundes«, in den *Leipziger Sammlungen* von 1760, anonym erschienen, aber unverkennbar in derselben Diktion wie von Brockes *Bemerkungen von einigen Blumen* (1769). Chr. H. von Brocke war eine tragische Gestalt. Seine Liebesheirat mit einer Gräfin Wallmoden aus niedersächsischem Uradel brachte ihm nicht die erhoffte Anerkennung in Adelskreisen, auch als Odendichter konnte er nicht reüssieren. Bekannt geworden ist er vornehmlich als Autor mehrerer Werke forstwissenschaftlichen Inhalts. Oftmals polemisch hat er sich darin mit den Fehlentwicklungen der Forstwirtschaft seiner Zeit auseinandergesetzt und war als »barocker Grobian« verschrien. Dabei war er mit seinen Ideen seiner Zeit weit voraus, für den Forsthistoriker Walter Kremser ist er einer der Wegbereiter der niedersächsischen Kulturlandschaft.

❧ Von seiner Blumenleidenschaft können wir uns ein recht genaues Bild machen. Seine Familie teilte seine Passion offenbar nicht, so dass nach seinem Tode sein Garten samt Inventar versteigert wurde: Neben einer großen Anzahl anderer Gartenblumen fanden sich Aurikeln in mehr als 500 Sorten. Außerdem werden 5 mit Verdeck versehene Stellagen für Aurikeln in Töpfen zwischen 15 und 27 Fuß (5 bis 9 m) lang, die größte mit 6 Etagen, in der öffentlichen Ankündigung der Auktion ausgewiesen. Der englische Gartenhistoriker David Tarver hat errechnet, dass auf dieser größten Stellage allein etwa 350 Töpfe Platz haben würden. Da Brocke sich die Linnésche Nomenklatur noch nicht zu eigen gemacht hatte, wird er von den zeitgenössischen Autoren etwas herablassend behandelt. Superintendent Franz Hermann Heinrich Lueder (derselbe, der den Botaniker Beerwald die künstliche Befruchtung lehrte) bedauert, dass die *Bemerkungen*, dieses »schöne Werk«, »nach eigenen Einsichten geschrieben«, dadurch »heutzutage unbrauchbar« sei.

❧ In Bunzlau machte auch Kämmerer Liebner (den wir weiter oben schon als Verteidiger der gefüllten Blüten kennen gelernt haben) seine »Blumensucht«, wie er sie selbst nennt, zum Geschäft und bot seine Aurikeln zum Verkauf. Superintendent Lueder wiederum fügte seinen *Briefen über die Wartung und Anlegung eines Blumengartens* (1786) nicht nur ein scharfzüngig kommentiertes Verzeichnis der Gartenbauliteratur seiner Zeit an, sondern auch gleich ein Aurikelverzeichnis des Hamburger Handelsgärtners Klefeker. Seine Beschreibungen beruhen ebenfalls auf eigenen Erfahrungen, er zog seine Aurikeln in einem Garten in Dannenberg an der Elbe, wo sie im Winter auch schon einmal überflutet wurden.

❧ Um diese Zeit erschien ein Werk, das alle anderen in den Schatten stellen sollte: *Der Blumist*. In *des Blumisten 1. Theil* (1779) geht es um die Nelke, im *2. Theil* (1783) um die Aurikel. Das Buch des Erfurter Arztes Johann Nicolaus Weißmantel ist vom Umfang bis heute unübertroffen: 387 Seiten nur über die Aurikel plus Register plus umfangreiche Sortenliste. Schon seine Zeitgenossen beklagten die Weitschweifigkeit und Umständlichkeit des Werks sowie seinen hohen Preis. Weißmantel fügte eine Liste verkäuflicher Sorten an, auch hier wurde alsbald über die Höhe der Preise geklagt: »Prestons Superbe«, »Beauté de Thuringen« und »Lord Stormont« sind mit 15 Reichsthalern die teuersten. Weißmantel beginnt die unselige Tradition des Systematisierens. Ihm genügt es nicht, seine Pflanzen in Luiker und Englische Aurikeln einzuteilen, also bemehlte und unbemehlte, er möchte eine dritte Klasse einführen für die Mischlinge, die er sinnig die »Mulatten« nennt. Er löst eine Kettenreaktion aus: Vom Erscheinen des Buchs an bis etwa 1805 werden immer neue Systeme mit Abteilungen und Unterabteilungen erstellt; jeder Autor versucht, die der anderen durch eine neue ausgefeiltere Systematik zu übertrumpfen.

✦ Der Herausgeber der Zeitschrift *Annalen der Gärtnerey* (1795–1800), Commerzienrat Carl Christian Adolph Neuenhahn aus Nordhausen, bot den Aurikelisten, wie sie sich jetzt nannten, ein Forum für ihre Auseinandersetzungen. Er hatte selbst ebenfalls ein Büchlein zu diesem Thema veröffentlicht, nämlich *Über die Aurikelsysteme nebst einer ganz neuen Klassifikation der Aurikeln* (1791). Der Streit entzündete sich an jenen Mischformen, die in England auf dem Kompost gelandet wären. Tatsächlich hatte diese Diskussion auch eine gute Seite, denn anders als in England blieb bei den deutschen Aurikelfreunden fürs erste eine größere Vielfalt der Formen erhalten. Die führenden Aurikelisten stellten ihre Sammlungen nicht nur in den Gartenjournalen vor, sondern boten die Pflanzen wie schon Liebner und Weißmantel ebenfalls zum Kauf an. Auch gegenseitiger Tausch war üblich. Die *catalogi* enthielten Pflanzen aus Holland, Frankreich und England, aber selbstverständlich auch eigene Züchtungen. 400 bis 500 Sorten war der übliche Umfang einer Kollektion, es gab auch größere. Canonicus Peter Christian Spönla in Erfurt etwa hatte sechshundert Töpfe, systematisch nach den Farbabstufungen aufgestellt, wie Lueder zu berichten weiß. Spönla gehörte der ersten deutschen blumistischen Gesellschaft an, einem Verein mit nur vier Mitgliedern, die 1781 »die Provinzen des Reichs der Flora unter sich aufgeteilt hatten«. Jeder von ihnen hatte sich einer besonderen Blume

verpflichtet: Tulpe, Hyazinthe, Nelke und Aurikel. Weißmantel war ebenfalls Mitglied, er war jedoch für die Nelke zuständig.

✦ Das Interesse an Aurikeldarstellungen war ebenso groß wie an den Pflanzen selbst. Weißmantel, Kämmerer Liebner und andere versandten auf Anfrage einen handgemalten Katalog ihrer Aurikelsorten. Pfarrer Johann Albrecht Klüpfel aus Weinsberg, Herausgeber des *Journals für die Gartenkunst*, gab für die Blumensüchtigen daneben ein illustriertes Magazin heraus: *Flora oder Nachrichten von merkwürdigen Blumen* (1787–1789). Der Preis für ein Heft betrug »1 Reichsthaler und 12 gute Groschen«, für die damalige Zeit ein stolzer Preis; ein Heft enthielt je einen Kupferstich mit Nelken- und Aurikeldarstellungen; der Verleger Erbstein bot ein ähnliches Werk an, den *Aurikelflor oder nach der Natur gemaltes Verzeichnis aller vorzüglich guten Sortimentsaurikeln* (1791–1795), das dem selbst gewählten Anspruch einer vollständigen Darstellung allerdings nicht gerecht wurde: Schon nach drei Heften wurde das Erscheinen eingestellt. Der Zeichner Weller stellte die Blüten ohne alles Beiwerk vor einem dunklen Hintergrund dar. Die Texte zu Themen wie Erdmischungen, Durchwinterung und Samenvermehrung boten den Abonnenten wohl nichts wirklich Neues, dafür verlangten diese offensichtlich von Erbstein mehr Abbildungen. Der Meißener Porzellanmaler Kannegießer setzte Erbsteins Arbeit fort mit der *Aurikelflora, nach der Natur gemalt* (1800–1807), in dem er 192 der schönsten Aurikeln nach der Klassifikation »Luiker« oder »Englische« ordnete und in Wellers Manier präsentierte. Nur der Name jeder Sorte wird erwähnt, einen beschreibenden Text sucht man vergeblich. Wie schon die Aurikeln in Erbsteins Buch zeigten die Darstellungen Pflanzen aus der 1200 Sorten umfassenden Kollektion des Dresdener Kantors Samuel Gottlob Pfeilschmidt, damals einer der bekanntesten Aurikelliebhaber, der übrigens auch eine Sammlung 20 verschiedener englischer Stachelbeeren besaß.

✦ Auch Goethes Freund und Landesvater Herzog Carl August war Besitzer einer Aurikelsammlung, die in seiner Sommerresidenz, Schloss Belvedere bei Weimar, präsentiert wurden: Seit den Tagen Guénins wurden sie in sogenannten Aurikeltheatern ausgestellt, überdachten Stellagen, in denen sie vor zu starker Sonneneinstrahlung und Regen geschützt waren, um die kostbare Bemehlung nicht zu gefährden. Der Weimarer Hofgärtner Johann Friedrich Reichert gab eine Verkaufsliste mit vierhundert Sorten heraus. Goethe selbst zog keine Aurikeln, er liebte die Nelken und Rosen, später auch die Dahlien (damals Georginen genannt) mehr. Carl August musste ihn drängen, sich die blühende Sammlung anzusehen. Im Nachhinein lobte Goethe dann besonders den »wunderbaren Eigensinn der beyden entgegengesetzten Abtheilungen, der Luycker und englischen Sorten« (Tagebuch, 1. Mai 1831). Dabei hätte er eigentlich besonders an den Grüngerandeten seine Freude haben müssen, waren sie doch lebender Beweis seines Satzes »Vorwärts und rückwärts ist die Pflanze immer nur Blatt«. Aber er hielt die Aurikeln anscheinend für etwas altmodisch: In den *Wahlverwandschaften* ist es der alte Aurikelgärtner, der mit den neuen Gartenmoden nicht zurechtkommt.

✤ Mehr noch als die gestreiften Aurikeln waren die gefüllten Formen völlig aus der Mode gekommen, und sie wären vermutlich für immer verloren gewesen, wenn sich ihrer nicht einige wenige Züchter weiterhin angenommen hätten. Der Beerbacher Kantor Johann Friedrich Wilhelm Lechner behauptete, er habe riesengroße und sogar gefüllte Blüten allein durch Düngung erzielt; mindestens für die gefüllten darf das jedoch bezweifelt werden. Wenn überhaupt hatte er, ohne die Gesetze der Vererbung zu kennen, durch Selektion den noch vorhandenen genetischen Anlagen wieder zum Durchbruch verholfen. Seine Erfahrungen veröffentlichte er in dem Traktat *Die Kunst Aurikeln und Primeln zu erziehen, welche die vollkommenste Größe eines preussischen - ja noch einige Linien über die eines Kronthalers erreichen* (Nürnberg 1831).

✤ Der Zeichenlehrer Gustav Heubner aus Plauen hingegen erzielte gefüllte Formen in vielen Farben durch systematische Züchtung. Leider brach dieses Lebenswerk mit seinem Tode zusammen. Der Bericht im *Deutschen Magazin für Garten- und Blumenkunde* (1869) ist gleichzeitig seine Todesanzeige. Die kuriose Mischung aus pompösem Nachruf, Abhandlung zur Blumenzucht und zu Problemen der zeichnerischen Wiedergabe würdigt seine züchterische Leistung und schließt mit der Hoffnung, dass die Pflanzen

Primula Auricula N 100 (Heubner)

in den Handel gebracht werden. Tatsächlich wurde die Sammlung von Heubners Witwe Lindante im folgenden Jahr zum Verkauf angeboten, insgesamt etwa 1500 Pflanzen, darunter »182 halbgefüllte, welche sich vorzüglich zur Samenzucht eignen«, und wenig später an die Handelsgärtner Lindner aus Pausa und Pabst aus Plauen verkauft. In Deutschland war die Zeit dieser Blumen jedoch vorbei; bis etwa 1890 sind noch einzelne Sorten angeboten worden, danach sind die gefüllten Aurikeln auch in Deutschland verschwunden. Das genetische Potential ist aber zweifellos erhalten geblieben, denn als in England nach dem Ersten Weltkrieg das Interesse an Gartenpflanzen »mit Vergangenheit« wiedererwachte, waren noch einzelne gefüllte Aurikelpflanzen vorhanden.

✤ Bei uns ist die Tradition der Aurikelisten in den Jahrzehnten nach Heubners Tod anscheinend zum Erliegen gekommen. Auch die ruhmvolle Geschichte der deutschen illustrierten Aurikelbücher endet mit ihm. Außer einem allgemein gehaltenen Artikel in einer Gartenzeitschrift hat er selbst nichts über seine Aurikeln geschrieben, sein Freund Josef Kratz jedoch lieferte mit seinem Werk *Primulaceen* (1861), in dem die Aurikel den bedeutendsten Teil einnimmt, ein allerletztes, kenntnisreiches Werk in der Tradition der alten Aurikelliteratur. Er versucht sich sogar an einem neuen Aurikelsystem, es umfasst alle bekannten Typen einschließlich der gefüllten und gestreiften. Das Werk ist Heubner gewidmet, dem letzten großen deutschen Aurikelisten.

✤ Selbstverständlich gab es weiterhin Aurikeln in Deutschland. Geblieben sind allerdings nur die gewöhnlichen Gartenaurikeln, die bei aller Schönheit nur wenig Ähnlichkeit mit ihrer aristokratischen Verwandtschaft haben. Wer sich selbst ein Bild davon machen will, warum unsere blumenliebenden Vorfahren dieser kleinen Pflanze verfallen waren, muss auf Sorten aus England zurückgreifen, die glücklicherweise seit einigen Jahren auch bei uns wieder zu bekommen sind. Sie sind alle am besten in Töpfen aufgehoben. Manche der Gefüllten und der Alpinaurikeln können an geeigneter Stelle auch im Garten ausgepflanzt werden.

AURIKELSORTEN

Für die Grüngerandeten sollte man schon ein wenig Erfahrung mit Aurikeln gesammelt haben. Es ist nicht immer einfach, sie zum Blühen zu veranlassen, und sie sind oft nicht sehr vital. Grau- oder Weißgerandete sind etwas leichter zu halten, Spitzensorten gehören aber ebenfalls in die Hände von fortgeschritten Aurikelfreunden.

Beim Publikum beliebter als bei den Experten sind die sogenannten Fancy-Aurikeln. Grau- oder grüngerandet, unterscheiden sie sich von den vorigen durch eine vom vorgeschriebenen Schwarz abweichende Grundfarbe. Ihre Form ist oft nicht perfekt, aber in einer Sammlung tragen sie ohne Frage zur Abwechslung bei. Häufige Kombinationen sind etwa grüne Berandung mit kirschroter Grundfarbe, Rot mit grauer Bemehlung; auch Gelb kommt als Grundfarbe vor. Daneben gibt es auch Sorten mit den Grundfarben Braun und Violett.

Einfarbige Schau-Aurikeln gehören nicht in den Garten, da ihre »Paste«, der bemehlte Ring um das Auge, witterungsempfindlich ist. Es gibt sie in Gelb, in leuchtendem Rot, aber auch in Dunkelrot und sensationellem Schwarz. Auch blaue (eigentlich violettblaue) Schau-Aurikeln existieren, und einzelne Sorten bilden eine Klasse für sich, die »abweichenden Farben«. Gestreifte Sorten zählen ebenfalls zu den Schau-Aurikeln, es gibt von Jahr zu Jahr mehr von ihnen, sie sind in ständiger Verbesserung begriffen. Die Liste der Gefüllten wird ebenfalls alljährlich länger. Die Farben werden zunehmend leuchtender, die Blütenrosetten immer perfekter. Sortennamen sollen von ihnen allen hier nicht genannt werden, zu schnell ändert sich das Angebot der Züchter und Gärtnereien, ältere Sorten verlieren an Vitalität, und jüngere Züchtungen nehmen ihre Plätze ein. Am besten man verlässt sich auf das Angebot bewährter Anbieter.

Alpinaurikeln, die nicht den Schau-Aurikeln zugerechnet werden, haben nichtsdestoweniger eine ebenso perfekte Blütenform. Es gibt sie in zwei Klassen, den Alpinaurikeln mit hellem Auge und denjenigen mit gelbem Auge. Hier gibt es zahlreiche, auch ältere bewährte Sorten: 'SIRIUS' ist die verlässlichste von allen, braunviolett mit einer Schattierung hin zu einem hellen Büffellederfarbton, 'RODEO' in leuchtendem Braunorange, 'BLOSSOM' in glutvollem Rot sind allesamt einfach zu ziehen. Alle haben ein tiefgelbes, unbemehltes Auge; das Auge der folgenden ist dagegen weiß oder cremefarben: 'ARGUS', pflaumenrot, ein über hundertjähriger, immer noch vitaler Klassiker, die malvenfarbene Spitzensorte 'SANDRA' und 'AVERIL HUNTER', so blau, wie es einer Aurikel nur möglich ist, sollen hier stellvertretend genannt werden für die große Anzahl exzellenter Sorten, die heute wieder erhältlich sind. Andere als die genannten sind ebenso empfehlenswert, ein verantwortungsbewusster Züchter wird Neulinge beim Kauf gern beraten.

FRÜHLINGS-PRIMELN – VON DER FRÜHLINGS-WIESE IN GARTEN-CENTER UND SUPERMÄRKTE

Zwischen dem ersten Dezember und Ostersonnabend dominiert eine einzige Pflanze die Welt der Gartencenter und Supermärkte, nämlich die knallbunte Primel mit Blüten in der Größe eines alten Fünfmarkstücks. Dass diese vorgetriebenen Topfprimeln keine wirklichen Gartenpflanzen sind, merkt man, sobald man sie auspflanzt: Sie lassen sich nicht besonders gut mit anderen Stauden kombinieren, ihre Farben sind zu dominant, und die Blütengröße harmoniert nicht mit den Blättern, auch überstehen sie unsere Winter meistens nicht.

LINKS *Hose-in-Hose*-Primel; deutlich ist zu erkennen, dass die äußeren Blütenblätter eigentlich Kelchblätter sind

❧ Tatsächlich sind aber auch sie Nachkommen heimischer »wilder« Frühlingsprimeln, nämlich von *Primula veris*, der sattgelben, duftenden Echten Schlüsselblume und der Stängellosen Primel, *Primula vulgaris* sowie ihrer blassvioletten frühblühenden Varietät, *P. v. sibthorpii*, der Karnevalsprimel. In Deutschland werden die höheren, großblumigen Formen der Frühlingsprimel üblicherweise als Elatior-Hybriden bezeichnet, dies ist insofern missverständlich, als *Primula elatior* wohl keine Rolle bei ihrer Entstehung gespielt hat. Diese hohen Gartensorten der Frühlingsprimel traten zunächst in England auf; dort kommt *Primula x tommasinii*, die Naturhybride von *Primula veris* und *Primula vulgaris*, recht häufig, *Primula elatior* aber ausgesprochen selten vor, so dass heute weitgehend Einigkeit darüber herrscht, dass die höhere Form dieser Naturhybriden zuzurechnen ist. Und da aus der Sicht des Gärtners die genaue botanische Herkunft eher unerheblich ist, soll im Folgenden auch nur danach unterschieden werden, ob eine Sorte ihre Blüten in der Art der Stängellosen Primel oder aber als Dolde auf einem Stängel trägt. (In der englischen Literatur sind hierfür die Namen Typ *Primrose* und Typ *Polyanthus* verbreitet.) Die heimischen Arten haben sehr früh ihren Weg in die Gärten gefunden, besonders die Echte Schlüsselblume, ihr wurde ein hoher medizinischer Wert zugesprochen, ihre Blüten wurden sogar in der Küche verarbeitet. Wer möchte, der sollte selbst einmal den Geschmack von Schlüsselblumentee und -likör probieren, die Blüten (ohne den Kelch) einem Frühlingssalat beifügen oder sie über ein Dessert streuen.

❧ Der Polyanthus, wie gesagt, als Hybride in England entstanden, war in der ersten Hälfte des 17. Jahrhunderts auf dem Kontinent eher selten. Umso erstaunlicher ist es, dass eine besonders große Kollektion und die ersten Abbildungen in Norddeutschland entstanden sind. Im *Gottorfer Codex* (1649–1659) des Blumenmalers Hans Simon Holtzbecker finden sich mehrere dieser Gruppe zuzurechnende Pflanzen, insgesamt sind darin 21 verschiedene Frühlingsprimeln dargestellt. In Volkamers *Nürnbergischen Hesperides* (1708) sind neben den Aurikeln sogar 49 Sorten abgebildet, in dem zugehörigen gedruckten Verzeichnis kommen noch weitere 90 hinzu. Mit seinem hohen und schmalen Format ähnelt dies Verzeichnis manchen heutigen Gartenkatalogen. Es wurde offensichtlich dem Werk beigelegt, oder man konnte es bequem in der Tasche tragen, wenn man die Pflanzen besichtigte. Mit den Primeln der Supermärkte haben diese alten Sorten allerdings nur entfernt Ähnlichkeit. Einige wenige sind Formen der stängellosen Schlüsselblume, meist Farbvarianten, die weitaus meisten der sogenannten »Primula veris« waren ganz offensichtlich Polyanthusprimeln, und sehr viele davon haben die abnormen Blütenformen, die die barocken Sammler so sehr schätzten.

❧ Heute ist es üblich, diese Varianten, bei denen eine Veränderung der Blütenform vorliegt, unter dem wenig schmeichelhaften Begriff »Anomale Primeln« (in England neuerdings etwas netter *British Floral Variants*) zusammenzufassen. Hierbei spielt es keine entscheidende Rolle, zu welcher der drei heimischen Arten sie ursprünglich gehört haben mögen. Schon 1629 sind sie in England gezogen worden, und vornehmlich dort haben sie die Zeiten überdauert. Deshalb sollen hier auch ihre englischen Bezeichnungen zur Bestimmung dienen. Im wesentlichen gibt es zwei Formen: Einmal kann der Kelch blattartig verändert sein, die Einzelblüte umgibt sich dann wie ein niedliches Biedermeiersträußchen mit einem Kranz winziger Blätter (»Jack-in-the-Green«), zum anderen wird eine doppelte – nicht gefüllte – Blüte ausgebildet (»Hose-in-Hose«), das heißt die Kelchblätter sind zu Blütenblättern umgeformt, und es scheint, als ob zwei Blüten ineinander stecken. Zwischen beiden Formen gibt es Mischformen; »Jackanapes« besitzen sowohl Gene für *Hose-in-Hose* als auch für *Jack-in-the-Green*. Besonders ausgefallen ist der »Feathered Polyanthus« mit tief geschlitzten Blüten- und Kelchblättern; schon Volkamer hat ihn in sein Werk aufgenommen. Bei der »Eichblattprimel« ist zusätzlich auch das Laub gekerbt. Einige wenige Sorten sind im Handel, ein Großteil des Vergnügens besteht jedoch darin, sich bei Nachzucht aus Samen überraschen zu lassen; Samenmischungen werden von einigen Firmen angeboten. Neuerdings hat sich in Bristol die Biologin Margaret Webster ihrer angenommen. Sie hat nicht nur unsere Kenntnis des genetischen Hintergrunds dieser Mutationen erweitert, sondern sie züchtet auch systematisch alle denkbaren Formen. Die Ergebnisse ihres Zuchtprogramms sind keineswegs monströs, sondern

erstaunlich schön. Zu den anomalen Primeln gehört auch *Primula vulgaris* 'Viridis'. Sie gleicht in allem der Stammform, außer dass ihre Blütenblätter, also nicht wie bei den *Jack-in-the-Green*-Primeln der Kelch, blattartig grün umgeformt sind, es handelt sich daher um das schon beschriebene Phänomen der Vireszenz. Die grünblütige Primel ist nicht leicht erhältlich und gilt als heikel, obendrein als virusinfiziert, und nicht jeder hält sie für wirklich schön; ohne sie wäre eine Sammlung jedoch keineswegs vollständig. Eine Grüne gibt es allerdings, die jedem ästhetischen Anspruch standhält: 'Francisca' ('Green Lace') aus Kanada ist großblütig, zartgrün und mit zitronengelbem Auge. Mittlerweile findet man sie manchmal auch bei uns.

♣ Die Gefüllten Primeln müssten eigentlich ebenfalls zu den Anomalen gerechnet werden. Ein Platz in unseren Gärten schien ihnen für alle Zeit sicher. Seit Beslers *Hortus Eystettensis* sind sie immer in der Gartenliteratur präsent gewesen; der Gärtner und Gartenphilosoph Karl Foerster hat sich noch Anfang dieses Jahrhunderts enthusiastisch über sie geäußert, aber spätestens nach dem Zweiten Weltkrieg waren sie bei uns völlig verschwunden. Liest man die Lebenserinnerungen von Georg Arends, der mehrmals den Versuch unternahm, wuchskräftige und gesunde Sorten zu züchten, so muss man den Eindruck gewinnen, dass sie den Weltkriegen zum Opfer gefallen sind. Kriegsbedingte Vernachlässigung führte jedes Mal zum Verlust der gesamten Population. Wie kaum eine Pflanze sonst möchte die gefüllte Primel, dass man sich um sie kümmert, auch wenn ihre Pflege durchaus kein Expertentum verlangt. In England und Irland, wo sie sich besser hielten als auf dem Kontinent, haben sie ebenfalls eine lange Phase des Abstiegs durchlaufen und erst in den letzten Jahrzehnten wieder Boden gutgemacht. Durch In-Vitro-Vermehrung alter Sorten und neuere Züchtung gibt es sie jetzt wieder in der Fülle, wie sie bis ins 19. Jahrhundert überall anzutreffen war. Neben den wenigen wirklich alten Sorten wie 'Alba Plena' und 'Lilacena Plena' ('Quaker's Bonnet') sind besonders die Sorten heutzutage verbreitet, die aus der Zuchtarbeit von Florence Bellis, von der noch ausführlich die Rede sein wird, und aus der ihrer Nachfolger hervorgegangen sind. Leider ist die Lebenskraft der neuen Sorten oft nicht allzu hoch, so dass viele von ihnen schon nach kurzer Zeit wieder vom Markt verschwinden.

♣ Der Samen des *Gold-Laced Polyanthus*, der »goldgesäumten Primel«, wurde noch kurz vor dem Zweiten Weltkrieg von deutschen Samenzüchtern angeboten; aber es scheint, dass ihr exklusiver Stammbaum um diese Zeit schon vergessen war. Diese einst viel bewunderte Primel hatte fast unbemerkt alle Wertschätzung verloren. Ihre eher kleinen Blüten von dunkelroter, manchmal fast schwarzer Grundfarbe haben eine helle, meist goldfarbene, manchmal auch silbrigweiße Berandung mit einem Mittelstreifen auf jedem Blütenblatt, der die fünfteilige Blütenkrone wie aus zehn Blütenblättern zusammengesetzt erscheinen lässt. Aus der Nähe betrachtet wirken die Blüten wie kleine Kostbarkeiten, und in der großen Zeit der Floristengesellschaften, Ende des 18. und Anfang des 19. Jahrhunderts, wurden sie ebenso geschätzt wie Nelken und Aurikeln. Und genau wie für jene scheuten ihre Liebhaber keine Anstrengung, die Blüten ihren strengen Schönheitsvorstellungen zu unterwerfen, um die »vollkommene« Blüte zu erzielen. Wie bei der Aurikel, der vornehmeren Schwester aus der Primelverwandtschaft, sollte auch bei ihr der Stempel tief im Innern des Kelchs verborgen sein, während die Staubgefäße als regelmäßiges kleines Krönchen zu sehen sind.

♣ Zugleich allerdings ist die Goldgesäumte Primel auch immer eine anspruchslose Gartenrasse gewesen, wenn sie auch als variable Samensorte die strengen Schönheitskriterien nicht immer erfüllt und manche der bewunderten Merkmale im Laufe der Zeit verloren hat. Nachdem sich in den Jahrzehnten nach dem letzten Krieg ihre Spuren dann

fast verloren hatten, haben Liebhaber ihre alte Schönheit wiederzubeleben versucht, so dass sie heute wieder in jedem Gartencenter zu haben ist. Daneben gibt es wieder »Silbergesäumte«, wenn auch weniger geschätzt als die Goldgesäumten, und sogar gefüllte und *Hose-in-Hose*-Formen sind vorhanden. Die gefüllte Sorte 'Elizabeth Killelay' ist in England sogar verhältnismäßig häufig zu finden. Zur Blütezeit in Töpfe gepflanzt und ins Haus oder auf die Terrasse geholt, sind alle Formen eine besondere kleine Frühlingsdekoration.

DIE NACHKOMMENSCHAFT VON *Primula juliae*

✦   Anfang des 20. Jahrhunderts wurde im Kaukasus eine weitere, eher winzige Frühlingsprimel gefunden, *Primula juliae*. Der Wuppertaler Pflanzenzüchter Georg Arends (1863–1952), der in England eine Pflanze erworben hatte, erkannte schnell ihr Potential, einmal die tief purpurrote Blütenfarbe, aber auch der flache, fast kriechende Wuchs und ihre Fähigkeit, unter sonnigeren, trockeneren Bedingungen zu gedeihen als andere Primeln. Während *P. juliae* selbst nicht sehr reich und mit eher kleinen Blüten blüht, zeigen die Nachkommen einer Verbindung mit *P. vulgaris* oder einer Polyanthusprimel eine reiche Auswahl von Kombinationen der guten Eigenschaften beider Eltern. Auch andere Züchter jener Zeit nahmen diese Möglichkeiten wahr, und überall in Europa setzte eine intensive Züchtungsarbeit ein. In Pruhonitz bei Prag im berühmten Garten von Graf Silva Tarouca war der Züchter Franz Zeman einer der ersten, der die Pflanzen auf den Markt brachte. Der heute übliche Sammelname für Kreuzungen von *Primula juliae* und den mitteleuropäischen Primeln *Primula* x *pruhoniciana* erinnert daran. Von den zahllosen Sorten, die in der ersten Hälfte jenes Jahrhunderts gezogen wurden, werden nur wenige noch angeboten. Nicht in jedem Fall ist das bedauerlich, aus der Überfülle der purpurvioletten Sorten waren sicherlich einige entbehrlich, zumal bei Aussaat dieser Farbton dominierend ist. Aber es gibt doch einige mit besonderen Eigenschaften und Farben, von denen man sich wünscht, dass sie noch im Angebot der Staudengärtner zu finden sind. Darüber hinaus lohnt auch ein Blick in ältere Gärten. Vielfach lassen sich namenlose, aber unbedingt erhaltenswerte Pflanzen entdecken: samtrot und großblumig die eine, kirschrot mit einem weißen Punkt auf jedem Blütenblatt eine weitere, und, sehr niedlich, eine Pflanze im gleichen Farbton, aber gestreift wie eine Zuckerstange, ähnlich der englischen Sorte 'Kinlough Beauty'. Gewissenhafte Selektion der vielfach angebotenen Sämlingspflanzen würde auch die Sorten in reinem, nicht blaustichigem Rot oder klarerem Blau vor dem Untergang im dominierenden Purpur bewahren. Ihre häufig etwas altmodisch wirkenden Farbtöne machen den Einsatz in vielen Gartensituationen schwierig. Der Rat der bekannten englischen Gärtnerin Margery Fish, die die älteren Sorten sehr liebte, soll deshalb nicht unerwähnt bleiben: Die typischen Rot-, Purpur- und Violettöne kommen am besten im Halbschatten zu Geltung, dort, wohin das Sonnenlicht durch Zweige oder frühen Blattaustrieb nur gedämpft fällt. Im der hellen Sonne des Frühlings wirken sie leicht hart und besonders neben den zarten Pastellfarben anderer Frühlingsblumen oftmals unpassend.

FLORENCE BELLIS
und die Barnhaven-Primeln

✦   Leicht übersieht man, dass nicht nur bei uns in Europa, sondern ebenso auf anderen Kontinenten Blumenliebhaber und Gärtner Schätze zusammentragen und neue Kostbarkeiten züchten. Zur Zeit der Depression in den USA begann in einem abgelegenen Winkel Oregons Florence Bellis mit ihrer Züchtungsarbeit. Aus wirtschaftlicher Not und unter unglücklichen persönlichen Umständen startete sie eine kleine Staudengärtnerei mit erbetteltem Samen, anfangs selbst noch in einer alten Scheune wohnend. Sie hatte eine glückliche Hand und ein sicheres Auge, und wir verdanken ihr einige Klassen der gartenwürdigsten Primeln, die je gezüchtet wurden. Ihre Polyanthusprimeln mit anmutigen Dolden auf eher niedrigen Stängeln passen weit besser in naturnahe Pflanzungen als die kommerziellen Schwestern aus den Gartencentern. Es gibt eine Fülle unterschiedlicher Formen und Farbnuancen, von niedrigen *P. juliae*-Abkömmlingen bis hin zu gerandeten und geaderten Formen der höheren Sorten mit zumeist exquisitem Farbenspiel. Aber die Krone gebührt den Cowichan-Primeln, einem Polyanthus-Typ ohne das sonst typische goldfarbene »Auge« im Zentrum der Blüte. Mit nicht zu großen Blüten und von perfekter Harmonie, was die Größenverhältnisse von Stängel, Blättern und Blüten betrifft, sowie den klaren, dunkel-leuchtenden Edelsteinfarben – samtig violett, tiefblau, granatrot, venezianischrot und neuerdings auch sattgelb – wirken sie durch das fehlende Auge besonders ruhig und intensiv, häufig in ihrer Wirkung noch verstärkt durch eine bronzefarbene Tönung der Blätter. Diese spezielle Cowichan-Note – satte Farben, dunkles Blatt – brachte eine einzige Pflanze ein, die Florence Bellis von einem gewissen Major Knocker erwarb, in dessen Garten an der Cowichan-Bay sie entstanden war. Viele haben dort später ohne Erfolg nach weiteren Exemplaren gesucht. Neben diesen eigenen Züchtungen widmete sich Florence Bellis auch dem Erhalt gefährdeter Gartenprimeln: Ihre Samenlinien (strains) von gefüllten, anomalen und Gold-Laced-Primeln überdauerten den Zweiten Weltkrieg und wurden später einer der Grundstöcke für die Wiederbelebung dieser Sorten.

🌸 Florence Bellis selbst hätte ihre Mutterpflanzen leicht für viel Geld an eine der großen Samenhandelsfirmen verkaufen können, aber sie entschied anders. Als sie merkte, dass ihre Gesundheit nachließ, sandte sie ihren gesamten Bestand an Jared und Sylvia Sinclair, ein Pflanzen liebendes Ehepaar aus dem Norden Englands, mit denen sie seit langem in brieflichen Kontakt stand, und überließ ihnen die Entscheidung, was damit geschehen sollte. Die Sinclairs entschlossen sich, die Firma Barnhaven fortzuführen. Über mehrere Jahrzehnte und mit wachsendem Erfolg versandten sie den Samen in alle Welt. Als sie sich selbst in den Ruhestand begeben mussten, übernahmen andere den Bestand. Barnhaven existiert weiterhin fort und liefert Samen an die Primelliebhaber in aller Welt, in den letzten Jahren von der Bretagne aus.

🌸 Alle Barnhavenprimeln sind Hybriden komplexen Ursprungs, eine Zuordnung zu den ursprünglichen Arten ist nur an Hand ihrer dominierenden Merkmale möglich. Die großen Zuchtbetriebe, die den Topfprimelmarkt beliefern, haben sich von Anfang an bemüht, die »Barnhaven-Gene« in ihre Strains einzukreuzen. So sind in den letzten Jahren außer samtig-dunklen Topfprimeln mit dunklem Laub sogar hin und wieder gefüllte Formen im Topfprimelsortiment zu entdecken. Aus der Fülle der noch oder jetzt wieder verfügbaren Frühlingsprimeln sollen nachstehend einige empfehlenswerte und ohne große Schwierigkeiten erhältliche genannt werden. Außerdem sind solche älteren Gartenschätze aufgeführt, nach denen sich zu suchen lohnt.

ALTE PRIMELSORTEN

Die meisten der heutzutage vorhandenen Sorten stängelloser Frühlingsprimeln haben deutliche Anteile von Primula-juliae-Genen, manchmal erkennbar am dunklen, sehr zierlichen Laub oder am kriechenden Habitus. Auch eine ganze Reihe der Züchtungen von Georg Arends sind noch vorhanden, wenn auch nicht mehr überall erhältlich, allen voran die superbe weiße 'SCHNEEKISSEN': sehr niedrig, sich leicht ausbreitend mit wohlproportionierten Blättern und Blüten. In England ist sie unter dem (ungültigen) Namen 'SNOW CUSHION' noch recht verbreitet. Andere weiße wie 'SCHNEERIESIN', 'SNEEUWWITJE' ('SCHNEEWITTCHEN') oder 'SCHNEESTURM' haben zumeist größere Blüten, 'SCHNEETREIBEN' von Klose ist cremeweiß, alle sind vorzügliche Gartenpflanzen. Von den Arends'schen »Kissensorten« ist außerdem noch 'BLÜTENKISSEN' von 1949 vorhanden, karminrot mit ockergelbem Auge. Klaus Kaiser in Coburg zieht eine blaue Sorte, bei der es sich vielleicht um die von Arends selbst für verloren gehaltene 'BLAUKISSEN' handeln könnte. Von den mehr oder weniger purpurrot blühenden seien nur einige besondere erwähnt, die 'PERLE VON BOTTROP' verdient nicht nur wegen ihres reizvollen Namens bewahrt zu werden, sie ist auch den allgegenwärtigen 'OSTERGRUSS' und 'WANDA' in ihrem harmonischen Gesamteindruck überlegen. Im Frühlingsgarten besonders schön wirken zartfarbige wie 'GROENEKAN'S GLORIE', lilarosa mit grünlichem Auge, sehr reichblühend, und 'IRIS MAINWARING', blass blaulila oder 'BLUE RIBAND', blau mit violettem Ring um das gelbe Auge. Gesucht sind dazu immer solche roten Formen, die wenig Violett in sich tragen wie 'OLD PORT' in dunkelrot, 'TOMATO RED' in hellem Rot und die feurigrote 'LIZE (LIZZY) GREEN'.
Daneben gibt es ebenfalls Pruhoniciana-Hybriden vom Polyanthus-Typ; 'GARTENGLÜCK' ist noch in vielen Gärten zu sehen,

eine zierliche Dolde von kirschrosa Blüten mit kräftiggelbem Auge auf kurzem Stängel. 'HELGE' ist ein blassgelber Miniaturpolyanthus, ein Typ, von dem es in England etliche Sorten gibt, die sich alle nur wenig unterscheiden: 'DOROTHY', 'LADY GREER' und 'CRAVEN GEM'. In den letzten Jahren ist zu Recht die Sorte 'GUINEVERE' auch bei uns weiter verbreitet worden, ihre reinrosa Blüten harmonieren wundervoll mit dem dunklen Laub. Sie gehört zur alten Gruppe der sogenannten Garryarde-Primeln, alle in exquisiten Farben, von denen die meisten bedauerlicherweise verschollen sind. 'GUINEVERE' blüht reich und lange und vermehrt sich gut. Da ihre zarte Farbe mit vielen anderen Frühlingsblühern harmoniert, ist sie ein wahrer Gartenschatz. Mitte des vorigen Jahrhunderts gab es etwa 30 Sorten gefüllter Primeln, bis auf ganz wenige sind sie alle verloren. In den letzten Jahrzehnten kamen jedoch alljährlich wieder neue Hybridsorten – häufig aus Barnhaven-Samen gezogen und dann mikrovermehrt – auf den Markt, um ebenso schnell wieder zu verschwinden. Auf traditionelle Weise vermehrte und langjährig bewährte Sorten sind, wenn man sie bekommen kann, fraglos vorzuziehen, da sie seltener enttäuschen. Ganz alt sind wirklich nur wenige, vor allem 'ALBA PLENA', und 'LILACENA PLENA' ('QUAKER'S BONNET'), beide zwar seit mehr als hundert Jahren in Kultur, aber immer noch recht vital. Man sieht an ihrem eleganten Habitus, dass sie wirkliche *Primula-vulgaris*-Formen sind, keine jüngeren Hybriden. Diesem alten Typ entspricht außerdem die neuere 'SUE JERVIS', eine anmutige Schöne in etwas müdem Rosa. Die kräftig mauvefarbene, weißgerandete 'MARIE CROUSSE' stammt zwar

vom Ende des 19. Jahrhunderts, ist aber erkennbar schon eine Hybride: Beim Ausgraben stellt man fest, dass die Blüten alle gemeinsam auf einem unsichtbaren Stängel sitzen. Manchmal auch bei uns erhältliche Sorten sind: 'CAPTAIN BLOOD', dunkelrot, 'CORPORAL BAXTER', scharlach-karmin schattiert, 'EASTER BONNET', lavendelrosa, 'KEN DEARMAN', kupferorange, 'LILIAN HARVEY,' kirschrosa, 'MISS INDIGO', sehr schön blauviolett mit Silberrand und 'SUNSHINE SUSIE', leuchtend gelb, pfirsichrosa überhaucht, und 'VAL HORNCASTLE' in klassischem Primelgelb. Besondere Erwähnung soll die Sorte 'DAWN ANSELL' finden, handelt es sich doch um eine gefüllte weiße Jack-in-the-Green-Primel, die zudem auch noch ausgesprochen lebenskräftig ist. Empfehlenswert sind die Sorten der Belarina -Serie mit gefüllten Blüten ebenfalls vom Jack-in-the-Green -Typ, die in den letzten Jahren häufiger angeboten werden und die unsere Winter auch im Garten überstehen.

Gold-Laced- und anomale Primeln lassen sich leicht aus Samen ziehen. Werden sie als Pflanzen angeboten, so sollte man sich die besten Formen aussuchen. Der holländische Züchter Kees Sahin brachte 2004 unter dem Namen »You and Me« einen *Strain* von *Hose-in-Hose*-Polyanthus auf den Markt, noch hat er keine weite Verbreitung gefunden. Namensorten sind eher selten. Auch Cowichan-Primeln werden nicht als Namensorten angeboten, sondern als Samenlinien, sie variieren daher immer etwas. Den Samen der schönsten Exemplare sollte man sammeln und zur Nachzucht verwenden.

DIE NELKE – *eine Blume mit System*

✤ Am Anfang stand sie für das Zeitalter der Rationalität und war die Blume einer neuen Zeit. Sie ist auch die Blume der Renaissance genannt worden, und so tritt sie erstmalig auf den Tafelbildern der frühen Neuzeit in Erscheinung. Eher selten als religiöses Symbol verwendet (wenn überhaupt, dann werden ihre roten Blüten, die »Nägelein«, mit den Kreuzesnägeln gleichgesetzt und verweisen damit auf die Passion Christi), scheint sie mehr eine Art Statussymbol in den Händen reicher Kaufleute zu sein, vielleicht auch das neu erwachte Interesse an den Dingen der Natur zu verkörpern. Bei den gar nicht so seltenen Männerporträts »mit einer Nelke« ist vermutet worden, dass es sich um Bilder heiratswilliger Junggesellen handelt, die der potentiellen Braut oder ihren Eltern einen Eindruck davon vermitteln, auf was sie sich einlassen. Anfangs sind die Blüten noch recht klein und ungefüllt, so bei dem »Mann mit der Nelke« der Berliner Nationalgalerie, der früher Jan van Eyck zugeschrieben wurde, aber wohl erst nach seinem Tod 1441 entstanden ist. Doch das ändert sich rasch, schon Holbeins Bildnis des Kaufmanns Gisze (vor 1543) zeigt ihn mit einer gefüllten Nelke.

✤ Die eigentliche Herkunft der Nelken liegt im Dunkeln. es scheint aber festzustehen, dass es sich bei der Gartennelke (*Dianthus caryophyllus*) um eine alte, stabilisierte Hybride verschiedener mediterraner Nelkenarten handelt. Allerdings gibt es keine Hinweise für ihre Kultur vor der Mitte des 15. Jahrhunderts. Die Annahme, dass sie sich wie so viele andere Garteneinführungen jener Zeit bereits seit längerem in arabischer Gartenkultur befunden haben könnte, ist jedenfalls plausibel und passt zu ihrem frühen Auftreten in den reichen oberitalienischen Kaufmannsstädten, die über Geschäftsverbindungen in den Orient verfügten.

✤ Der Name »Gartennelke« führt allerdings in die Irre, es handelte sich um Topfpflanzen, die jedoch, wann immer die Witterung es zuließ, im Garten aufgestellt wurden. Gerade die »Durchwinterung« bereitete jahrhundertelang erhebliche Schwierigkeiten. Als immergrüne Pflanzen durften die Nelke weder zu warm – es drohte vorzeitiges Treiben mit schwächlichen Trieben – noch zu dunkel – Absterben war die Folge – überwintert werden. Im Freiland dagegen gingen sie als Mittelmeerpflanzen entweder an der Kälte oder an Staunässe zugrunde. Über lange Zeit waren ihre Blütenstängel auch schwächlich und hingen über, ein Erbteil, das sie den sogenannten »Gebirgshängenelken« hinterlassen haben, die noch heute vornehmlich in den Alpenländern als Balkonpflanzen gezogen werden. Sie mussten gestützt werden, entweder durch rund gebogene Weidenruten, die als Kranz am Topfrand in die Erde gesteckt wurden, oder durch kunstvoll geflochtene, ebenfalls eingesteckte Gitterkörbchen ohne Boden. Auch blühte sie nur kurze Zeit – der Juli galt allgemein als Nelkenmonat, wenngleich immer wieder versucht wurde, die Blütezeit durch Vortreiben oder Verzögern zu verlängern. Alle diese Misshelligkeiten konnten aber nicht verhindern, dass im Zeitraum von etwa 1600 bis 1850 die Nelke die beliebteste aller Blumen wurde und selbst die Tulpe in den Schatten stellte. Wie sich herausstellen sollte, trug die Nelke den Keim eines schleichenden Niedergangs jedoch bereits in sich, obwohl es zunächst nicht danach aussah. In der ersten Hälfte des 19. Jahrhunderts hatten nämlich südfranzösische Gärtner weitere halbstrauchige mediterrane Arten in die Gartennelke eingekreuzt. Diese neuen »Remontant«-Nelken blühten unter geeigneten Bedingungen fast das ganze Jahr und überschwemmten als Schnittblumen vornehmlich aus Italien und Frankreich (»Rivieranelken«) die Blumenmärkte Europas. Zudem veränderte sich der Gartengeschmack: Die Teppichgärtner der zweiten Hälfte des 19. Jahrhunderts setzten auf klare leuchtende Färben von großer Fernwirkung, mit denen sich die Prachtrabatten und ihre jahreszeitlich wechselnden Bepflanzungen am besten realisieren ließen. Wie schon bei den Aurikeln und Hyazinthen verloren die Blumenliebhaber das Interesse an Blüten mit diffiziler und feiner Zeichnung und subtilen Farben; die Nelkensortimente schmolzen im wesentlichen auf die auch heute bevorzugten einfarbigen Sorten zusammen. Gleichzeitig gelang es, Nelkensorten zu züchten, die innerhalb eines Sommers zur Blüte kommen und als Einjährige gezogen werden können, beispielsweise Margareten- und Chabaudnelken. Sie verdrängten die alten Sorten überall dort, wo die Überwinterung Schwierigkeiten macht, etwa in Klein- und Bauerngärten. Allerdings fand sich dann noch kaum jemand, der gezielt die Spitzensämlinge

Die Nelke

hat entweder Zeichnung und bestehet diese — oder nicht Farbenblumen z.g. der Mohrenkönig

aus Strichen — oder Puncten punctirte Nelken z.g. Salamander — oder getuschter Arbeit

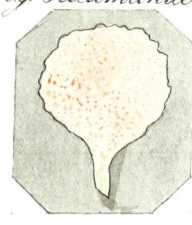

nachdem Rande zu getuscht Farnesen — nach der Mitte zu getuscht Feuerfaxe

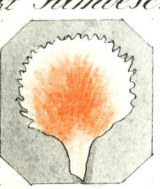

aus Strichen am Rande des Blattes — aus Strichen welche bis in den Kelch sich erstrecken

einerley Zeichnungs Farben
Picotten

mehrere Zeichnungs Farben
Blatt Bizarden

breite Striche und Haar Striche unter einander
gemeine Doubletten u. Bizarden

lauter oder doch grösten theils breite Striche
Bandblumen

Unter den Doubletten sind die Concordien zu rechnen

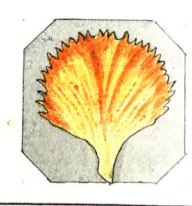

I Mit deutscher Zeichnung
die Mitte des Blattes …

nur eine Zeichnungs Farbe — mehrere Zeichnungs Farbe

II Mit holländischer Zeichnung in der Mitte …

mit Zacken
deutsche Doubletten

mit stumpfen Blatt
englische Doubletten

mit Zacken
deutsche Bizarden

mit stumpfen
englische B

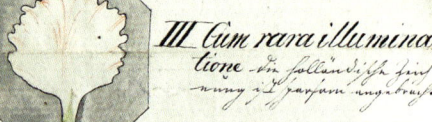

III Cum rara illumination die holländische Zeichnung …

IV Mit römischer Zeichnung …

Flambanten

V Mit französischer Zeichnung …

Picott Flambanten. Bizard Flam. — **Concordien**

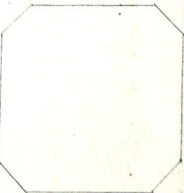

VI Mit spanischer Zeichnung …

VII Mit italienischer Zeichnung …

Der Bau und die Structur der Nelke bestehet aus VI Classen

1. Nelkenbau …
2. Rannunkelbau …
3. Rosenbau …
4. Kegelbau (Pyramidalbau) …
5. Triangelbau …

selektierte, die einer Durchwinterung würdig gewesen wären. Die Remontantnelken hingegen wurden insbesondere in den USA züchterisch weiterbearbeitet. Ihre in Gewächshäusern gezogenen Nachkommen mit großen Blüten auf straffen Stielen eroberten schließlich als »Edelnelken« den europäischen Schnittblumenmarkt; dabei war wie auch vielen »Edelrosen« der Nelke allerdings der Duft abhanden gekommen. Alle kleinen Schönheitsfehler erschienen behoben, aber nun fehlte es ihr an Charakter, und in der Fülle unterschiedlicher Schnittblumen, die heute in jedem Blumenladen zu finden sind, ist sie seitdem nur eine unter vielen.

✦ Doch noch einmal zurück: In der glanzvollen Epoche, die in Frankreich auf den Dreißigjährigen Krieg folgte, begann ihr Aufstieg zur Herrscherin im Reich der Blumen, ein Titel, den sie nur mit der Rose teilen musste. Während Deutschland in weitgehend bedeutungslose Kleinstaaten zerschlagen war, entwickelten sich Frankreich und die Niederlande zu den kulturell führenden Nationen des europäischen Festlands. Die niederländischen Gärtner hatten die Erfahrungen während der Zeit der Tulpenspekulation zu nutzen verstanden und exportierten die Erzeugnisse in alle Länder Europas. Eine Neuerung aus der Zeit des Tulpenwahns erwies sich als besonders verkaufsfördernd: die Einführung der Sortennamen. Umfangreiche Sortimente entstanden; die Blumenzwiebel- und Nelkenkultur wurde ein florierender Wirtschaftszweig und breitete sich bis weit nach Nordfrankreich aus. In Paris hieß die Nelke daher allgemein die »flandrische«. Die ersten großen Kollektionen entstanden hier, und schon 1647 erschien eine erste Klassifikation der Gartennelke, noch wurde sie allerdings nur »unterschieden allein nach ihren Farben«. Neben der Nelke zogen die französischen *Curieux fleuristes* – adlige und gebildete Blumenfreunde von erlesenem Geschmack – vornehmlich Anemonen und Ranunkeln, beide gefüllt blühend und der Nelke in der Vielfalt und Art ihrer Zeichnung ähnlich, aber offensichtlich wenig stabil in ihren Sorten. Die Nelke besaß vor den anderen den Vorzug der leichten Vermehrbarkeit (durch Samen, Absenker und Stecklinge) und scheint auch in Mitteleuropa klimatisch besser durchgehalten zu haben, wenngleich keine der drei als wirklich winterfest angesehen werden konnte. Die niederländischen Handelsgärtner kultivieren bereits um die Wende vom 17. zum 18. Jahrhundert zahlreiche Nelkensorten und beliefern damit die höfischen Gärten der deutschen Kleinstaaten, die sich an den französischen Moden orientieren. Umfangreiche Nelkenkataloge erscheinen vor 1700 daher zunächst in den Niederlanden, in Deutschland erst später. Erstaunlicherweise existiert aber auch ein sehr frühes Nelkenverzeichnis eines deutschen Handelsgärtners, nämlich dasjenige von Leonhard Beer aus dem *Hortus medicus* zu Leipzig mit 161 Sorten, etwa um 1650 erstmals erschienen. Mit vielen weiteren, deutlich späteren Nelken-*Catalogi* fanden sich zwei von Beers Verzeichnissen in der Trewschen Sammlung in Erlangen. Das jüngere der beiden 1662 wurde herausgegeben, es markiert bereits vorhandene Synonyme, der Leser kann also ersehen, ob dieselbe Sorte schon einmal unter anderem Namen angeboten wurde. Die Titelillustration zeigt ein Größenschema, mit dessen Hilfe die Blütengröße der angebotenen Sorten ermittelt werden kann.

✦ Gärten dieser Zeit unterhielten umfangreiche Sammlungen, beispielsweise werden für den Karlsruher Garten des Markgrafen Karl Wilhelm im Jahre 1738 etwa 600 Sorten Nelken, 200 Sorten Anemonen und 400 Sorten Ranunkeln angegeben, die der Markgraf sich zunächst allesamt aus Holland kommen ließ; sein Gärtner Christian Thran gab allerdings bald auch eigene Listen heraus. Die *Angelieren* oder *Nagel-Bloemen* der niederländischen Gärtner hießen im deutschen Sprachraum Näglein, Nagelblumen oder Grasblumen – letzteres bezieht sich auf die Form des Laubs, die anderen Namen erinnern an die Ähnlichkeit zur weit länger bekannten Gewürznelke, auch der Duft wurde als dem der Gewürznelke ähnlich empfunden. Im übrigen begründet gerade dieser Duft für die Blumenfreunde vergangener Zeiten den Vorrang der Nelke vor den anderen Prachtblumen. Nur Aurikel und Hyazinthe – abgesehen von der Rose, der ein eigener Rang eingeräumt wurde – konkurrierten, allerdings weit abgeschlagen, mit ihr auf diesem Feld. Der Duft der Nelke wurde als belebend und den Geist klärend empfunden, nicht als berauschend. Sich mit Nelken zu befassen war seit der Renaissance ein Zeichen des fortschrittlichen Geistes; in ähnlicher Weise stand die Nelkenliebe für die Menschen des Barock mit dem emporstrebenden Rationalismus im Einklang, und auf diesem

Weg wird im Deutschland des 18. und 19. Jahrhunderts die Nelke zur Blume der aufstrebenden bürgerlichen Schichten, schließlich dann sogar das Symbol des Kampfes der Arbeiterklasse für ihre Rechte. Mit der portugiesischen »Nelkenrevolution« gegen die Salazar-Diktatur vom 25. April 1974, als die Menschen den Soldaten Nelken in die Gewehrläufe steckten, endet aber auch die Geschichte der Nelke als Symbol aufgeklärter Fortschrittlichkeit. Zusammen mit dem Duft ist ihre Fähigkeit dahin, den Geist zu erhellen und zu beleben.

✤ Zur Nelkenkultur waren größere Kenntnisse notwendig als beispielsweise zur Kultur der Aurikeln und Blumenzwiebeln. Ihre Überwinterung war nicht ganz einfach, sie setzte zumindest bei großen Sammlungen geeignete Räumlichkeiten voraus, und die Nelken waren anfällig für Krankheiten. Ihr größter Feind war neben den Mäusen, die in den Winterquartieren häufig große Schäden anrichteten, die Blattlaus; Rezepte zur Vernichtung der »Nelkenläuse« hatten Konjunktur. Weißmantel beschrieb im ersten Teil seines bereits erwähnten *Blumisten* die Jungfernzeugung der Nelkenblattläuse, die er unter dem Mikroskop beobachtet hatte. Vollständig lautet der Titel des Buchs *Des Blumisten Erster Theil, in welchem die Nelke oder Grasblume / 1) ihre Wartung und Behandelung durch das Jahr, 2) die Schönheitsregeln derselben, 3) Beschreibung einiger vorzüglichen Nelken / deutlich und vollständig abgehandelt werden* (Leipzig 1779). Das ganze Buch war so umständlich geschrieben wie der Titel, und ein zeitgenössischer Kritiker bemerkt, dass nur seine Rezensentenpflicht ihn davon abgehalten habe, das Buch aus der Hand zu legen. Seine teilweise recht drastischen Beschreibungen der geschlechtlichen Vermehrung von Pflanzen (als Arzt war ihm dieses Problemfeld durchaus vertraut) erweckten den Abscheu seiner empfindsamen Zeitgenossen, trotzdem wurde *Der Blumist* das grundlegende Werk der deutschen Nelkenliteratur.

✤ Neben Schädlingen und Erkrankungen war das Platzen des Kelchs bei vielen Nelkensorten ein Problem. Diese »Platzer« gab es auch bei im Übrigen hochgeschätzten Sorten. Abhilfe verschaffte ein Pappring, der mit grünem Wachs überzogen war und am Kelch unterhalb Blütenblätter befestigt wurde. Natürlich gab es auch Nelkenmutationen, etwa die sogenannte Ährennelke,

bei der eine Vielzahl von Blütenknospen einer Kornähre ähnlich am Stängel angeordnet war, wie auch die »durchwachsene Nelke«, bei aus der Mitte der Blüte eine zweite kleinere Blüte und manchmal sogar eine dritte herauswuchs.

THEORIEN UND SYSTEME

✤ Ende des 18. Jahrhunderts war die Sortenzahl ins Unermessliche gewachsen. Vielfach verloren die Blumenfreunde die Übersicht. In Krünitz' *Oekonomischer Encyclopädie* (1773–1858) wird darüber etwas umständlich, aber durchaus nachvollziehbar geklagt:

Da die Natur bey den cultivirten Pflanzen so endlos spielt, so sieht sich jeder Blumist, der eine etwas bedeutende Sammlung hat und sich mit dem Aussäen abgibt, genöthigt, eine Menge neue Nahmen zu machen, welche aber […] bey dem Ausarten der Varietäten zum Theil schon wieder unbrauchbar werden.

✤ Die zunehmende Zahl der Nelkensorten verlangte nach einer Systematik. Die Nelkenfreunde verlangten noch aus einem weiteren Grund danach. Die Botaniker des 18. Jahrhunderts hatten sich von den unübersichtlichen, ausufernden lateinischen Pflanzenbenennungen der vorangegangenen Jahrhunderte verabschiedet, die je nach Autor variierten und miteinander konkurrierten, und die Nomenklatur des schwedischen Botanikers Carl von Linné übernommen, die bis heute in der Biologie Gültigkeit hat. Es verstand sich für die Nelkenenthusiasten daher von selbst, dass auch die Untergliederung einer Pflanzenart diesen rationalen Prinzipien zu folgen habe. Aber hierarchische Ordnungssysteme der natürlichen Welt geraten rasch in Widerspruch zu sich selbst, sind sie doch nur Schemata, die der Realität aufgedrückt werden. Die Botaniker haben dies Problem durch die Einführung eines verbindlichen Regelwerks gelöst, des *International Code of Botanical Nomenclature* (ICBN). Diese Regeln müssen bei der Benennung von Pflanzen strikt eingehalten werden, an erster Stelle die Prioritätsregel, nach der derjenige Name Gültigkeit hat, der nach Einführung des Systems durch Linné einem Taxon

(einem Einzelglied innerhalb der Systematik) als erster zugesprochen wurde; der Name des benennenden Autors wird dem Namen deshalb (oft abgekürzt) hinzugefügt. Die Einhaltung der Regeln wird von einer internationalen Kommission überwacht, die auch in Konfliktfällen entscheidet. Pflanzen aus gärtnerischer Kultur sind in dieses System kaum einzugliedern. Unklare Herkunft und Entstehung, Klassifikation nach Merkmalen, die für die Taxonomen irrelevant, für Gärtner aber von höchster Wichtigkeit sind, wie Wuchshöhe oder Blütenfarbe lassen sie vielfach auch gar nicht sinnvoll erscheinen. Die Nomenklaturregeln für Kulturpflanzen, zusammengefasst im internationalen »Kulturpflanzen-Code« (ICNCP), sorgen deshalb heute im wesentlichen dafür, dass einerseits die Benennungen nicht im Widerspruch zu den allgemeinen Regeln des ICBN stehen und dass andererseits das Recht des Züchters gewahrt bleibt, seinen Zögling selbst zu benennen; Klassifikationen sind nur dort zulässig, wo sie botanisch begründet sind, beispielsweise, wenn die Stammeltern einer Hybride identifiziert werden können (etwa bei der gärtnerischen Klassifikation der Lilien und Lilienhybriden). Für Kulturpflanzen mit sehr umfangreichen Sortimenten gibt es zudem internationale Institutionen, bei denen eine neue Sorte angemeldet und registriert werden muss, wenn ihr Name gültig sein soll. Die Klassifikation nach der Farbe oder Zeichnung der Blüte spielt allenfalls in den wenigen verbliebenen Liebhabergesellschaften eine Rolle und hat auch dort eher sportlichen Charakter, denn in den Wettbewerben treten die Pflanzen in diesen unterschiedlichen Klassen gegeneinander an.

✦ Dass jegliche Klassifizierung Menschenwerk ist, war kurz nach der linnéischen Umwälzung jedoch nicht überall klar. Vielmehr schien es, als könne man der Natur ihre Systematik entreißen, wenn man nur intensiv genug forscht. Die Nelke mit ihren vielfältigen Zeichnungen auf den Blütenblättern und der ständig zunehmenden Zahl von Sorten erwies sich als geeignetes Opfer derjenigen, die der Natur die Gesetze des Verstandes aufzwingen wollten. Goethes Ablehnung dieser Haltung (in den *Vier Jahreszeiten*) war die Ausnahme:

Nelken, wie find' ich euch schön! Doch alle gleicht ihr einander,
Unterscheidet euch kaum, und ich entscheide mich nicht.

✦ Die immer umfangreicher und unüberschaubarer werdenden Sortimente machten allerdings tatsächlich eine gewisse Einteilung notwendig, eine Klassifizierung »allein nach Farben« war längst nicht mehr ausreichend, denn mehr als die Farbe war den Nelkenenthusiasten die Form – rund und ohne Zahnung – und Zeichnung der Blütenblätter das entscheidende Kriterium der Wertschätzung. Die Bezeichnungen entnahm man, wie in dieser Zeit allgemein üblich, dem Französischen, sie wurden jedoch schon damals als »Kunstwörter« empfunden. Tatsächlich sind sie mit wenigen Ausnahmen wieder untergegangen, nur die »Pikotte« hat in der angelsächsischen Form »Picotee« und als gärtnerischer Fachausdruck »pikotiert« für eine Blüte mit andersfarbiger Randzeichnung überlebt. *Bizarden* und *Pikotten*, *Flammanden* und *Feuerfaxe* sowie zahllose Unterklassen sollten Anlass geben für hitzige Streitereien, die um 1800 zwischen den »Nelkenisten« vornehmlich in den zahlreichen Gartenmagazinen dieser Zeit ausgetragen wurden. Einige dieser Nelkenisten wie auch die einschlägigen Zeitschriften sind auch im Kapitel über Aurikeln vorgestellt worden.

✦ Grundlage dieser Diskussionen waren sogenannte Nelkenblätter-Karten, die Darstellung einzelner Blütenblätter. Dafür benötigte der Kolorierer – so in einer Anweisung aus dem Jahre 1836 – 86 verschiedene Farben, davon ohne die Kupferfarbtöne allein 19 unterschiedliche Rottöne. Denjenigen, die selbst ungeübt im Zeichnen und Malen waren und sich auch keinen professionellen Illuminierer leisten konnten, wurde empfohlen, eine Nelkenblätter-Karte aus gepressten Blütenblättern anzulegen. Der Herausgeber der *Nachrichten aus dem Blumenreiche*, Hofprediger Schmahling, hielt davon wenig, da sich die Farbe der Blütenblätter nicht erhalten ließ. Galant bescheinigte er Weißmantels Gattin, die die Karten angelegt hatte, wie »artig« es sei, an den Geschäften und Vergnügungen der Männer Anteil zu nehmen, offensichtlich zieht er aber doch die ebenfalls übersandten gemalten Blätterkarten vor. Solche Darstellungen dienten nämlich zugleich einem weiteren Zweck: Die meisten Anbieter von Nelkenpflanzen, wie Weißmantel meist gleichzeitig Nelkenliebhaber und halbprofessionelle Händler, schickten gegen Hinterlegung einer Pfandzahlung handgemalte

Nelkenblätterkarten, um ihr Sortiment vorzustellen. Dies waren die Vorläufer unserer heutigen bunt bebilderten Gartenkataloge.

✤ Einer der ersten, der Nelkenblätterdarstellungen in größerer Auflage publizierte, war wieder Pfarrer Klüpfel, der mit *Flora oder Nachrichten von merkwürdigen Blumen* (1788–1791) neun Hefte herausgab, die neben den Nelken auch Wiedergaben von Aurikel- und Levkojenblüten enthielten. Die Bemühungen um die exakte Klassifizierung führten außerdem dazu, dass die Ergebnisse in sogenannten Nelkentheorien zusammengestellt wurden, graphischen Übersichten über Zeichnung und Farbgebung der Blütenblätter Das früheste in der Literatur erwähnte Beispiel, *Nelkentheorie oder eine in systematischer Ordnung gemalte Nelkentabelle* von Johann Christian Rudolphi, Meißen 1787, wurde mehrfach aufgelegt und oft kopiert. Bis in die zweite Hälfte des 19. Jahrhunderts gehören Darstellungen eines Nelkensystems in jedes bessere Werk über die Nelkenkultur. Blütenblätter besonders schöner Sorten wurden in Prachtwerken versammelt wie in Carl Gottlob Rössigs *Die Nelken nach ihren Arten* (Leipzig 1806–1807). Zwei Nelkentabellen besonderer Art finden sich in den *Verhandlungen zur Beförderung des Gartenbaus in den Preussischen Staaten* von 1831. Der Soester Zeichenlehrer Rautenbach, bekennender Nelkenist, fand die »Gekrönte Beantwortung« der Preisfrage »Lassen sich Abänderungen in der Farbe der Blumen dadurch hervorbringen, dass der Blüthenstaub auf Narben anders gefärbter Blumen, jedoch derselben Art, aufgetragen wird?« Mit einer Reihe von Experimenten, unter anderem an Nelken und Levkojen, konnte er zeigen, dass dies tatsächlich der Fall ist. Bedauerlicherweise sind seine systematischen Experimente nicht fortgeführt worden. So musste noch mehr als ein halbes Jahrhundert vergehen, bis die Gesetze der Vererbung erkannt wurden.

✤ Nachdem die Remontantnelken die Gartenwelt erobert haben, beginnt der Abstieg der alten Nelken. Immerhin scheinen bis zum Beginn des Zweiten Weltkriegs noch einzelne Sammlungen existiert zu haben, Den Zweiten Weltkrieg haben die alten Nelken, der Stolz der deutschen Blumisten, nicht überlebt.

✤ Eine andere Klasse alter Nelken hat die Zeiten jedoch weit besser überdauert. In England gab es neben den *florists' carnations*, die den kontinentalen Topfnelken entsprechen, noch die Gruppe der *pinks*, Kreuzungen mit *Dianthus plumarius*, in Deutschland deshalb Federnelken, oft auch Schottische Nelken genannt. Insgesamt kleiner, häufig ungefüllt und mit deutlich stärker gezähnten Blütenblättern waren sie zunächst nur als Gartenpflanzen geschätzt. Im 19. Jahrhundert nehmen sich die englischen Floristen ihrer an und erzielten bald rundere, regelmäßig gefüllte Blüten. Alle sind stark duftend, ihre Blüten wurden sogar zeitweise als Ersatz für die teure exotische Gewürznelke verwendet. Heute, da die echten alten Nelken verschwunden sind, werden sie von den Liebhabern alter Gartenpflanzen wieder geschätzt, auch wenn sie das deutsche Klima offenbar nicht so gut vertragen wie das englische. Zwar winterhärter als die Topfnelke, benötigen sie doch deutlich mehr Schutz vor Kahlfrost und winterlicher Nässe als die meisten Stauden unserer Gärten. Federnelkensorten haben in großer Zahl überdauert, und es sind sogar neue, auch solche mit langer Blütezeit, im 20. Jahrhundert hinzugekommen. Der Zauber dieser Sorten besteht vornehmlich in der reichen Variation ihrer Zeichnung und dem köstlichen Duft. Aus der Fülle der Sorten hier einige vermutlich wirklich alte oder doch wenigstens solche mit altmodischem Charme:

ALTE FEDERNNELKENSORTEN

'MUSGRAVES PINK' – ungefüllt weiß mit grünlichem Auge, ca. 1730

'OLD CRIMSON CLOVE' – karmin, einfach, 25 cm, Gewürznelkenduft, angeblich seit dem 16. Jahrhundert existierend

'MRS. SINKINS' – (J. Sinkins, 1868) weiß, unordentlich gefüllt, aber gut duftend, eine vorzügliche Gartenpflanze

'SAM BARLOW' – weiß mit karminroten Flecken, Form und Füllung wie Mrs. Sinkins, ebenfalls aus dem 19. Jahrhundert

'ROSE DE MAI' – malvenrosa, gefüllt, ca. 1830

'SOPS IN WINE' – weiß, gefüllt, mit kleinen roten Flecken, manchmal wird auch eine ungefüllte Form so benannt. Die »Bissen im Wein« beziehen sich entweder auf die Anordnung der Flecken oder auf die alte Sitte, den Wein mit Nelkenblütenblättern anstatt mit kostbaren Gewürznelken zu würzen.

'QUEEN OF SHEBA' – angeblich aus dem 16. Jahrhundert, kleinblütig, einfach, mit einer komplexen himbeerroten Zeichnung auf weißem Grund, die den Eindruck zweier weißer Augen auf jedem Blütenblatt erweckt.

'FENBOWS NUTMEG CLOVE' – angeblich im Garten der Familie Fenbow seit 1652 vorhanden, der damalige Lord Fenbow zog sie, um seinem Wein den erwünschten Muskatgeschmack zu verleihen.

✤ Moderne *florists' carnations* existieren in Großbritannien ebenfalls noch. Englische Enthusiasten, die sich in der *British National Carnation Society* zusammengeschlossen haben, lassen sie wie eh und je in alljährlichen Shows gegeneinander antreten. Sie werden in der Klasse der *border carnations* (Beet-Nelken) zusammengefasst, die in England mit seinem milderen Klima als winterhart gelten. Die Blüten müssen, wenn sie die Zustimmung und Wertschätzung der Jury erlangen wollen, ungezähnt und wohlgerundet daherkommen, anders als vormals dürfen sie aber auch einfarbig sein. Trotz des Namens sind es keine Gartenpflanzen, nicht ihre Gesamterscheinung zählt, die für Blumenfreunde von heute so entscheidend ist, sondern einzig die Vollkommenheit der Blüte. Die Öffentlichkeit nimmt die *border carnations* kaum mehr wahr, sie sind die Domäne einiger weniger Spezialisten. Nur die Spezialgärtnerei *Allwood*, die schon in der ersten Hälfte des 20. Jahrhunderts eine bedeutende Rolle bei der Neubelebung der beiden Klassen der *Carnations* und *Pinks* gespielt hat, bietet sie noch einem breiteren Publikum an. Die Liebe und Passion, die sich für Generationen von Nelkenfreunden vor allem anderen auf die Form und Zeichnung eines einzelnen Blütenblatts gründete, ist uns fremd geworden, und auch die Leidenschaft für Theorien und Systeme hat sich anderen Interessensbereichen zugewandt.

RECHTS Federnelken in idealisierter, gerundeter Form, wie sie für englische Darstellungen typisch ist

PFLANZEN-MODEN SEIT DEM 19. JAHR-HUNDERT

Zu Beginn des 19. Jahrhunderts waren die »Florblumen« Tulpen, Nelken, Aurikeln, Ranunkeln und Anemonen noch immer Mittelpunkt der Blumengärten. Ein ständig wachsender Strom von Neueinführungen aus allen Teilen der Welt zog jedoch die Aufmerksamkeit der Blumenliebhaber auf neueste »Modeblumen«. Fragen der Kultur dieser fremdländischen Gewächse beschäftigten nicht mehr nur die Besitzer und Gärtner großer höfischer Gärten, sondern auch die bürgerlichen Gartenliebhaber. Manche, neben den Dahlien aus Mittelamerika besonders die südafrikanischen Pelargonien, waren vorzüglich zur Züchtung neuer Sorten geeignet und eroberten rasch die Hausgärten und Fensterbretter der aufblühenden bürgerlichen und kleinbürgerlichen Schichten.

LINKS *Polystichum setiferum* 'Plumosum Densum'

Die Aufklärer des späten 18. Jahrhunderts hatten die Blumenzucht mit Misstrauen betrachtet – so nennt sie etwa ein Autor den unwesentlichsten Teil des Gartenbaus (der edelste war die Anlage von Landschaftsgärten im englischen Stil) – Es sollte sich jedoch schon bald zeigen, dass die Ausstattung der kleineren Gärten und Häuser der Mittelklasse die künftigen Nachfrage nach Pflanzen bestimmen sollte. Gefragt waren Sommerblumen, Blütenstauden und Ziersträucher und natürlich Zimmerpflanzen, die nicht in aufwendigen Gewächshäusern gezogen werden mussten, sondern Lichtverhältnisse und Klima der Wohnstuben vertrugen. Eine der Voraussetzungen für diese gesellschaftlichen Entwicklungen war das politische Engagement europäischer Staaten auf anderen Kontinenten. Neue Rohstoffquellen wurden erschlossen und Handelsbeziehungen geknüpft. Das Zeitalter des Kolonialismus hatte begonnen.

Die Pflanzenjäger des 19. und des frühen 20. Jahrhunderts sammelten einzelnen Pflanzen, um sie zu kultivieren und in den Handel zu bringen. Das mag, betrachtet man andere Formen der Ausbeutung der Kolonien, vergleichsweise harmlos sein, rückblickend war es allerdings ein einseitiges Geschäft, denn die Menschen dort waren in keiner Weise an den Erträgen beteiligt. Die andere, ebenso bedeutsame Voraussetzung war die Industrialisierung, die gleichzeitig zunächst die europäischen Länder und die USA erfasste, und neben vielen anderen Bereichen auch den Gartenbau revolutionierte.

Nirgendwo setzte diese Entwicklung so früh ein wie in Großbritannien, und so ist es kaum verwunderlich, dass der Großteil der Pflanzenneueinführungen seinen Weg über England fand. Gewisse technische Probleme waren zu lösen; Pflanzen aus Asien, Afrika oder Südamerika mussten den weiten Weg per Schiff zurücklegen, die wenigsten waren imstande, die klimatischen Bedingungen einer mehrwöchigen Seereise zu überstehen. Abhilfe schaffen sollte die Erfindung eines gewissen Nathaniel Bagshaw Ward. Schon die großen, dampfbeheizten Gewächshäuser, die in dieser Zeit neu entstanden, waren aus industriell produziertem Glas und Gusseisen erbaut, der sogenannte Ward'sche Kasten setzte dasselbe Prinzip in kleinerem Format um, ein Miniaturgewächshaus, in dem empfindli-

che Gewächse während der langen Reise nach England unbehelligt von Seeluft und ungünstigen Wetterbedingungen weiterwachsen konnten. Ja, sie mussten nicht einmal gewartet werden, denn im geschlossenen Kasten herrschte ein unabhängiger biologischer Kreislauf. Der Ward'sche Kasten war erfolgreicher, als sein Erfinder es womöglich geplant hatte: Er wurde – bepflanzt mit den seltensten und aktuellsten exotischen Neueinführungen – der letzte Schrei in den viktorianischen Wohnzimmern des englischen Großbürgertums und der gehobenen Mittelklasse.

DIE VIKTORIANISCHE FARNHYSTERIE

Besonders geeignet erwies sich der Ward'sche Kasten für eine Klasse von Pflanzen, die man bislang höchstens zur Ausstattung dunkel-romantischer abgelegener Gartenpartien genutzt hatte, die Farne. Ihr Wunsch nach entweder tropisch-feuchtwarmen oder kühl-feuchten Klimabedingungen ließ sich in ihm problemlos erfüllen. Für die viktorianischen Gartenliebhaber wurde eine solche *fernery* zu einem Muss, als Farnschlucht im Garten, als Gewächshaus oder auch als Ward'scher Kasten.

Daneben hatte das 19. Jahrhundert eine weitere Liebhaberei: das Botanisieren, das Sammeln und Bestimmen von Pflanzen in der Natur. Mit der Botanisiertrommel zogen die Hobbybotaniker ähnlich wie Schmetterlingsjäger und Käfersammler hinaus und legten aus dem Gesammelten umfangreiche Herbarien an. Der neuen Mode folgend, wurden bald auch vollständige Pflanzen der Natur entnommen, denn seltene einheimische Farne gediehen ebenfalls unter den Bedingungen kühl-feuchter Gewächshäuser prächtig. In den englischen Wäldern entbrannte eine fiebrige Jagd nach seltenen Formen heimischer Farngewächse, und die Dschungel der britischen Kolonien lieferten regelmäßig neue, nie gesehene Arten.

Auf dem Kontinent wurde dies allerdings eher mit Kopfschütteln zur Kenntnis genommen. Farne waren in Deutschland zunächst die Domäne der Fachwissenschaftler, die die Besonderheiten sporentragender Gewächse untersuchten; noch waren nämlich bei weitem nicht alle Aspekte der Vermehrung der samenlosen Pflanzen, zu

denen die Farne gehören, aufgeklärt. Gartenliebhaber schätzten sie keineswegs in demselben Maße wie blühende Pflanzen, im besten Falle konkurrierten die Farne mit anderen dekorativen Blattpflanzen um die Gunst der Gärtner. So ist es nicht weiter verwunderlich, dass in Deutschland zur Kultur der Farne gerade ein einziges Buch erschien, während ab etwa 1850 in England eine umfangreiche Farnliteratur entstand, von mehrbändigen illustrierten Prachtwerken, die die Fülle der Neueinführungen und Entdeckungen präsentierten, bis hin zu Ausgaben im Taschenformat, die Farnjäger auf ihre Exkursionen begleiten konnten.

✦ Der Gedanke, dass es vielleicht verwerflich sein könnte, Pflanzen in großem Umfang der Natur zu entnehmen, insbesondere dann, wenn es sich um seltene Arten und Varietäten handelt, ist dem 19. Jahrhundert zunächst völlig fremd gewesen. Allerdings gab es schon früh warnende Stimmen; bereits 1840 beklagte der Botaniker Edward Newman, dass der nach seinem Fundort benannte Tunbridge-Farn (*Asplenium obovatum*) dort von Farnsammlern fast ausgerottet sei. Tatsächlich sind von den Farnsammlern jedoch auch Arten und Spielarten gefunden worden, die noch immer unsere Gärten bereichern, und die sonst wohl kaum überlebt hätten:

ALTE FARNSORTEN

Asplenium scolopendrium 'CRISPA', der gewellte Hirschzungenfarn; kein Fundstück viktorianischer Farnjäger, sondern bereits seit Mitte des 17. Jahrhunderts in europäischer Gartenkultur. Der eigentlich besser passende und daher häufig fälschlich verwendete Name 'UNDULATA' ist einer ähnlichen Form vorbehalten, die insgesamt etwas kleiner, nicht so dekorativ gewellt und durch Sporen vermehrbar ist. 'CRISPA' ist steril und muss vegetativ vermehrt werden. Dort, wo er sich wohlfühlt, ist er eine geradezu klassische Gartengestalt, aber selbst zu Einfassungen lässt sich dieser wintergrüne Farn verwenden. Die Farnsüchtigen des viktorianischen England entdeckten diese alten Formen der Hirschzunge abermals. Mehr als 500 verschiedene Varietäten wurden benannt, tatsächlich dürften die Unterschiede aber eher gering gewesen sein, heute gibt es nur noch einige wenige Formen. *Athyrium filix-femina* 'VICTORIAE', 1861 von einem schottischen Studenten gefunden, eine Spielart des allgegenwärtigen gerade Frauenfarns und so exotisch schön, dass 'QUEEN VICTORIA'

selbst zur Namensgeberin erkoren wurde. Die Fiedern der schmalen Wedel sind regelmäßig kreuzweise angeordnet, so dass ein einmaliges Filigranmuster entsteht. Selten im Handel erhältlich; fast immer handelt es sich um die nicht ganz so regelmäßige Varietät 'PSEUDO-VICTORIAE', die durch Absaat der Sporen des Victoria-Farns entsteht. 'VICTORIAE' selbst lässt sich nur durch Teilung (oder im Reagenzglas) vermehren. Daneben sind eine ganze Reihe weiterer Formen gefunden worden, deren Namen zum Teil die erfolgreichen Farnjäger und -jägerinnen verewigen, wie etwa 'FIELDII' oder 'FRIZELLIAE'.
Dryopteris affinis 'CRISTATA' syn. 'THE KING', der König der Goldschuppenfarne, auf dem Höhepunkt der Pteridomanie von einem Mr. J. Dodd in Cornwall entdeckt und von Edward J. Lowe, der maßgeblichen Autorität jener Zeit, 1865 wie folgt beschrieben (in der Übersetzung von Richard Maatsch): »Keine Farnsammlung kann ohne diesen Farn vollständig sein, und man kann niemals genug davon pflanzen. Ihre großzügige Verwendung erregt stets Aufsehen. 'THE KING' ist im Gegensatz zum Queen-Victoria-Farn ausgesprochen wüchsig, wie dieser aber von besonders regelmäßigem Aufbau der Wedel. Jeder einzelne davon ist entzückend betroddelt und zusätzlich an der Spitze gegabelt.«
Polystichum setiferum, der Weiche Schildfarn; wie der Frauenfarn und die Hirschzunge hat auch diese Art eine fast unglaubliche Zahl von Varietäten hervorgebracht, 1890 führt Lowe davon erstaunliche 396 auf. Jeder Farnjäger fühlte sich offenbar berechtigt, seinen Fund selbst zu benennen. Tatsächlich ließ sich diese Aufteilung nicht halten. Die in England noch heute übliche Einteilung in mehrere Gruppen ist dagegen durchaus geeignet, die Fülle der Formen zu beschreiben. In der *Acutilobum*-Gruppe finden sich die gut vermehrbaren, Wedel mit Brutknospen ausbildenden Filigranfarne 'PROLIFERUM' und der mächtige 'PROLIFERUM WOLLASTON', letzterer benannt nach dem Farnjäger und Züchter Wollaston, der 1852 erstmalig einen Farn mit Brutknospen fand. Die raumgreifende Sorte 'HERRENHAUSEN', die erst 1970 von Richard Maatsch im hannoverschen Berggarten gefunden wurde, gehört in die *Divisolobum*-Gruppe, ebenso die im Berliner botanischen Garten entstandene 'DAHLEM'. Aus der *Plumosum*-Gruppe ist vor allem die ebenfalls Brutknospen bildende Sorte 'PLUMOSUM DENSUM' bekannt und relativ weit verbreitet. Die feine und weiche dreifach gefiederte Wedelstruktur dieser Gruppe hat Karl Foerster zu der

The Fern House,
Botanic Gardens,
Liverpool.

Namensschöpfung »Flaumfederfiligranfarn« hingerissen. In England wird besonders die Sorte '**PULCHERRIMUM BEVIS**' gerühmt. Außer den beiden deutschen Sorten sind sie allesamt im viktorianischen England gefunden worden.

Osmunda regalis '**PURPURASCENS**': Der Königsfarn ist besonders in seiner Herbstfärbung eine Prachtgestalt der Wälder Nordwestdeutschlands, die eher wenig durch spektakuläre Arten geprägt sind. Bei uns steht er unter Artenschutz. Die in der Natur recht seltene Form mit purpurfarbenem Austrieb ist im Herbst zwar weniger leuchtend, bietet jedoch einen unvergleichlichen Anblick, wenn sich im Frühling die Spiralen der jungen Wedel langsam entrollen, während sich zugleich der dichte Filz rotbräunlicher Haare in großen Flocken ablöst. Der Erfinder des Ward'schen Kastens selbst ließ eigens in seinem Garten in Clapham bei London einen künstlichen Wasserlauf anlegen, um den *royal fern* auch unter den begrenzten Bedingungen eines Vorstadtgartens ziehen zu können.

Die Gattung *Osmunda* ist 200 Millionen Jahre alt und gehört damit zu den entwicklungsgeschichtlich ältesten überlebenden Blattpflanzen. Auch Einzelpflanzen können ein ungeheures Alter erreichen. Angeblich 1000 Jahre alte Exemplare wurden in den Zwanzigerjahren des letzten Jahrhunderts vom Kaukasus in den Botanischen Garten in Leningrad (heute Petersburg) verpflanzt. Den Zweiten Weltkrieg haben die mächtigen Pflanzen mit ihren bis zu 70 cm hohen Stämmen nicht überlebt; sie haben das traurige Schicksal dieser Stadt geteilt, die so ungeheure Verluste unter ihren Einwohnern hinnehmen musste.

Adiantum: Die vor allem tropische und subtropische Gattung der Frauenhaarfarne war je nach Spezies wie geschaffen für Kaltoder Warmhäuser; vor allem in den Ward'schen Kästen gedieh sie prächtig, insbesondere dann, wenn der Luftaustausch mit der Umwelt gänzlich unterbunden war. (Die heute noch hin und wieder angebotenen »Flaschengärten« sind davon ein allerletzter Nachhall). Mindestens erwarteten die Frauenhaarfarne eine übergestülpte Glasglocke. Dies trifft auch auf den Venushaarfarn *Adiantum capillus-veneris* zu, der nur in einigen, klimatisch begünstigten Teilen der britischen Inseln auftritt und eigentlich eher im südlichen Europa heimisch ist. Doch auch für den Garten bietet die Gattung edle Farngestalten auf. Erstaunlicherweise zeigten die viktorianischen Farnliebhaber wenig Interesse für den schon 1628 von John Tradescant dem Jüngeren nach England eingeführten, völlig winterharten Pfauenradfarn *Adiantum pedatum,* eine nordamerikanisch-asiatischen Art, die selbst in Alaska vorkommt (neuerdings werden die pazifischen Pflanzen als gesonderte Art *A. aleuticum* betrachtet). Der Zwillingsbruder des europäischen Venushaarfarns, der wintergrüne Himalaya-Venushaarfarn *Adiantum venustum*, der ebenfalls mit einem Minimum an Schutz unsere Winter übersteht, erreichte Europa erst, als der *fern craze* bereits ein Ende gefunden hatte.

✦ Die Handelsgärtner waren die ersten, die bemerkten, dass die Farnmode zu Ende ging; seit 1870 bekamen besonders die Spezialgärtnereien die nachlassende Nachfrage zu spüren. Aber wie bei jeder Mode dauert es eine Weile, bis die Kenntnis von ihrem Ende jedermann erreicht hat. Die tonangebenden großbürgerlichen Schichten hatten sich schon einer anderen Liebhaberei zugewandt, das Kleinbürgertum ahmte sie mit einiger Verspätung nach. Die neue Kundschaft kaufte nicht bei den hochrangigen Spezialisten, sondern das billige Angebot an der nächsten Ecke. Farnräuber, »deren tägliches Geschäft«, in den Worten von Edward Lowe, »darin bestand, praktisch jedes Vorkommen, das sie finden konnten, zu zerstören«, verhökerten ihre Beute auf den Straßen. Bis zum Beginn des Ersten Weltkriegs sind Farnschluchten und Farnhäuser noch angelegt worden, wenige sind davon im Original erhalten geblieben.

✦ Das Erbe der Farnhysterie kann man darin sehen, dass sie die Wahrnehmung für die schlichte Einfachheit und Schönheit grüner Blätter schärfte; möglicherweise war sie die Gegenbewegung und das Gegengift zu der gleichzeitig wachsenden Begeisterung für immer größere Blüten und immer grellere Blütenfarben. Gleichzeitig entwickelten sich die großflächigen Teppichbeete mit gleichförmiger, saisonal wechselnder Bepflanzung – auch hier gab es Stimmen, die von einer »Rabattenmanie« sprachen, und es erschien eine ganz neue Art von Pflanzenfreunden, die Spezialisten, etwa für heikle tropische Orchideenarten oder für Bewohner extremer Lebensbereiche, wie Kakteen oder Bromelien auf der einen und hochalpine Gewächse auf der anderen Seite. Die Garten- und Pflanzenvorlieben dieses Zeitalters, das in England als das viktorianische und bei uns als Gründerzeit bezeichnet wird, prägen bis heute die Gartenkultur.

RECHTS *Adiantum aleuticum* 'Japonicum', eine besonders schöne Form des Pfauenradfarns mit kupferrosa Austrieb

VEILCHEN –
die Blume der Patrioten

*Von der Bescheidenheit der Veilchen
Halt ich nicht viel. Die kleine Blum',
Mit koketten Düften lockt sie,
Und heimlich dürstet sie nach Ruhm.*

HEINRICH HEINE

Heinrich Heines Verdacht war nicht aus der Luft gegriffen, wenngleich das Veilchen selbst keineswegs dafür verantwortlich war. Patriotismus oder genauer: Nationalismus war im 19. Jahrhundert eine europäische Krankheit und ist auch heute vielerorts noch anzutreffen. Veilchenzüchter und Veilchenliebhaber waren gleichermaßen infiziert.

Natürlich war Napoleon an allem schuld. Kaiserin Josephine liebte die Veilchen, und Napoleon liebte Josephine und ihre Veilchen. Die Bonapartisten liebten Napoleon und Josephine und wählten das Veilchen zu ihrem Erkennungszeichen. Die politischen Gegner liebten Napoleon nicht, wollten die kleine Blume aber keinesfalls ihm allein überlassen. In jedem europäischen Königshaus gab es daher mindestens ein gekröntes Haupt, das das Veilchen zu seiner Lieblingsblume erklärte. Reihenweise wurden Veilchensorten nach Hoheiten und Exzellenzen benannt. Die Untertanen überboten sich in Patriotismus, die Deutschen beanspruchten das Veilchen für Goethe, die Engländer für Queen Victoria. Und die Züchter beider Länder klagten über die Importe aus Frankreich und Italien, die, wenngleich angeblich duftlos und zerdrückt, doch von gewissenlosen Blumenhändlern der heimischen Ware vorgezogen wurden.

Den Höhepunkt erreichte der Veilchenchauvinismus kurz vor und während des Ersten Weltkriegs, als Sorten aus Feindesland einfach umbenannt wurden: Aus 'Victoria Regina' wurde »Bismarck« oder »Graf Moltke«, in England aus 'Kaiser Wilhelm II.' der »King of the Belgians«. Bis in die Fünfzigerjahre des 20. Jahrhunderts gab es deutsche Gartenbücher, in denen die großblumigen französischen Sorten und die Parmaveilchen als duftlos verleumdet und von ihrer Kultur abgeraten wurde.

DAS MÄRZVEILCHEN

Als echter Frühlingsbote wird das Veilchen (*Viola odorata* L.) von jedermann willkommen geheißen: Ganz offensichtlich ist der Winter wirklich vorbei, wenn seine Blüten dunkel leuchtend in den um diese Zeit noch sehr zierlichen Laubpolstern schimmern. Unseren Vorfahren allerdings war das Veilchen noch aus weit mehr Gründen lieb und teuer. Es war Medizin und Naschwerk, und vor allem war es die Duftpflanze schlechthin. Noch in der ersten Hälfte des 20. Jahrhunderts konnte die Veilchentreiberei, also die Schnittblumenkultur, eine Familie ernähren. Allerdings haben wachsende Lohnkosten den Anbau von Veilchen zunehmend unrentabel gemacht, so dass die kleinen Veilchenbouquets, die vor dem Ersten Weltkrieg an den Ausschnitten oder Pelzmuffs der Damen ebenso zu finden waren wie an den Revers der Herren Büroangestellten, mittlerweile auch aus den Blumengeschäften gänzlich verschwunden sind. Veilchensträuße muss man heutzutage selbst pflücken.

Autoren von Gartenbüchern raten regelmäßig zum Anbau der Sorte 'Königin Charlotte', von dem Züchter Gerst aus Bietigheim 1899 auf den Markt gebracht. Ihre Vorzüge sind offensichtlich. Enorme Reichblütigkeit, eine zweite – eigentlich eine vorgezogene – Blüte im Herbst und relativ lange, hoch aufgerichtete Stiele, die es zum Pflücken geeignet machen und – welches Veilchen täte das sonst? – seine Blüten weithin leuchten lassen. Und doch, sollte ein Veilchen nicht dunkel »violett«, somit veilchenfarben, sein? 'Königin Charlotte' ist von einem etwas verblichenen Indigo, ohne Frage sehr schön, aber eben nicht das wahre Veilchenblau. Karl Foerster rät daher zusätzlich zur tief blauvioletten 'Kaiserin Augusta', eine Sorte, die heute aus dem Angebot verschwunden ist, vermutlich aber als »wildes« Veilchen in alten Gärten überdauert hat. Das Augusta-Veilchen blüht ein wenig früher als das 'Königin Charlotte' und ist an seinen langen, dunkel überlaufenen Stielen zu identifizieren. Es wäre erfreulich, wenn es wiedergefunden und von einer traditionsbewussten Gärtnerei angeboten würde. Spielarten des Veilchens in abweichenden Farben sind ebenfalls bekannt, forma *alba* beispielsweise mit dem charakteristischen

LINKS Bereits in Weinmanns *Phytanthoza* finden sich unterschiedliche Formen des gefüllten Veilchens, unter anderem ein dreifarbiges

violett überhauchten Sporn, häufig verwechselt mit *Viola sororia* 'Albiflora', dem duftlosen reinweißen Pfingstveilchen, forma *rosea* und forma *rubra* in rötlichen und rosa Tönungen. Die gelbliche Sorte 'Sulphurea' wird von manchen Autoren als eigene Art oder Hybride betrachtet. Alle diese Formen finden sich wild (rosa im Mittelmeergebiet, gelb in Mittelfrankreich, rötliche Formen in Deutschland), unter Umständen aber auch eingebürgert. Wirklich urwüchsig ist das Märzveilchen wohl nur südlich der Alpen und in Westeuropa. Seine mediterrane Abkunft verrät es durch die wintergrünen Blätter und die Neigung mancher Sorten, in milden Wintern durchzublühen.

✤ Bis ins 19. Jahrhundert wurden gefüllte Veilchen weit höher geschätzt als die einfachen Sorten, von denen höchstens die Farbvarianten zur Pflanzung empfohlen wurden.

✤ Gefüllte Veilchen werden schon bei Theophrast (370–285 v.Chr.; *Historia Plantarum* I 13 und VI 6) erwähnt; angeblich wurden sie in Attika in Gärtnereien gezogen und nach Athen geliefert. Der *Hortus Eystettensis* kennt im Barock neben purpurfarbenen bereits gefüllte weiße Veilchen. 1777 weist Superintendent Lueder ganz im Sinne der Aufklärung in den *Briefen über die Anlegung eines Blumengartens* den alten Volksglauben zurück, dass diese sich bei Vernachlässigung in gewöhnliche Veilchen zurückverwandeln. Er erkennt richtig, dass sie von ihren eigenen ungefüllten Sämlingen überwuchert werden. Wie bei der Stammform geschieht die Samenbildung bei den gefüllten Veilchen vorwiegend über die kleistogamen Blüten, die sich als unscheinbare grüne Knospen im Anschluss an die eigentliche Blüte bilden und in denen sich die Samen ohne Fremdbestäubung entwickeln. Die »normalen« chasmogamen Blüten der Veilchen, die bei den ungefüllten Sorten auch hin und wieder Samen bringen, erscheinen nur bei niedrigen, kaum über dem Gefrierpunkt liegenden Temperaturen. Steigt das Thermometer dauerhaft über 8°C, so werden stattdessen kleistogame Blüten ausgebildet. Dies ist zu bedenken, wenn man Veilchen treiben oder im Topf halten will. Ob die Tageslänge dabei eine zusätzliche Rolle spielt, ist nicht ganz klar, es gibt auch Veilchen ('Semperflorens' und 'Quatre Saisons'), die jahreszeitunabhängig blühen.

✤ Was die Aussaat von Veilchensamen betrifft, so macht es dies Pflänzchen dem Gärtner recht schwer. Die Geschichte, nach der der Geheime Rat Goethe in Weimar auf seinen langen Spaziergängen Veilchensamen ausgestreut und so die Blume unter Hecken und Sträuchern angesiedelt habe, setzt einen kenntnisreichen Gärtner und Botaniker voraus, denn das Saatgut keimt eigentlich nur unmittelbar nach der Samenreife sicher (man kann es allerdings in feuchtem Sand eine gewisse Zeit keimfähig erhalten). Weit einfacher lassen sich Veilchen durch die zahlreich gebildeten Ausläufer vermehren, die sich sofort bewurzeln, wenn sie auf dem Boden aufliegen.

✤ Erst recht spät, nämlich im 19. Jahrhundert, setzte die systematische Zucht ein. Hierbei spielten Neueinführungen aus Russland und dem Mittelmeerraum die entscheidende Rolle. Die einen, vom Typ eines großblütigen Duftveilchens, wurden als Russische Veilchen, die anderen, allesamt gefüllt, als Neapolitanische oder Italienische Veilchen bezeichnet; der Begriff »Parmaveilchen« für letztere sollte erst später auftauchen. Mit der sprichwörtlichen Bescheidenheit war es vorbei: Zahllose neue Veilchensorten mit den Namen kaiserlicher und königlicher Hoheiten erschienen in den Sortenlisten der Handelsgärtner. Umbenennungen waren, wie bereits angemerkt, an der Tagesordnung. Am härtesten traf es die wunderbare, nach Queen Victoria benannte 'Victoria Regina'. In Deutschland hieß sie abwechselnd »Bismarck«, »Deutsche Kronprinzessin«, »Graf Moltke«, »Kaiser Friedrich« und »Zossener Veilchen«.

✤ Diese neuen Veilchen waren weniger hart, aber keinesfalls so empfindlich, wie es ihr Ruf besagt. Als Kinder des Mittelmeerraums blühen sie am besten in eher milden Wintern oder unter Glas. Das bedeutet, dass sie besonders wirkungsvoll in Töpfen – aber kühl gehalten! – gezogen werden oder wie früher die Wintertreibveilchen im Kalten Kasten.

✤ Die Herkunft sowohl der gefüllten Parmaveilchen als auch der großblumigen Veilchen ist nicht völlig geklärt; neuerdings werden die Parmaveilchen zu der von Westeuropa bis nach Vorderasien verbreiteten Art *Viola alba* gezählt; die riesenblumigen Sorten werden entweder als Kreuzungen von *V. odorata* mit nahe verwandten russischen Arten betrachtet oder aber als polyploide Formen (Polyploidie:

In den Zellen sind mehr als die normalen zwei Sätze von Chromosomen vorhanden; solche Pflanzen sind vitaler und oft auch größer). Während Parmaveilchen weitgehend steril sind, fallen letztere großenteils samenecht.

✦ Nach dem Ersten Weltkrieg schwindet die Sortenvielfalt stetig, in Deutschland noch schneller als anderswo. Die führenden Autoritäten ignorieren das »welsche« Parmaveilchen und die anspruchsvollen riesenblumigen Sorten und empfehlen höchstens großblumigere Auslesen von 'Königin Charlotte'. Da aber Veilchen zumeist samenvermehrt wurden, dürften die meisten dieser sogenannten Verbesserungen wenig stabil gewesen sein. Von den deutschen Sorten befindet sich außer dem Charlotte-Veilchen hierzulande keine einzige mehr im Sortiment. Auch wenn Frankreich, England und den USA viele der alten Sorten bewahrt wurden, so sind die beiden deutschen Züchtungen mit Weltgeltung, 'Askania' und 'Kaiser Wilhelm II.', leider für immer verloren.

ALTE DUFTVEILCHEN

Die überwiegende Zahl der bei uns erhältlichen Sorten des Duftveilchens sind Farbauslesen: 'RED CHARM' ist fleischrot und reichblühend; in kräftigem Lachsrosa leuchtet 'COEUR D'ALSACE', ebenfalls reichblühend, aber kurzstängelig. 'MME ARMANDINE PAGES', auch sehr blühwillig und lebenskräftig, ist im Ton jedoch heller. Die lichtblaue 'WISMAR' ist ein Fund aus neuerer Zeit, von der Gärtnerin Susanne Peters nach der Wiedervereinigung in ihrer alten Heimatstadt gefunden. Ob sich die kaum duftende, blass aprikosenfarbene 'IRISH ELEGANCE' von 'SULPHUREA' tatsächlich unterscheidet, ist heftig umstritten. Die Hybridsorten 'BORNEMOUTH GEM' und 'GOVERNOR HERRICK', die in England wegen ihrer Reichblütigkeit und Unempfindlichkeit gegen Spinnmilben immer noch als Schnittblumen angebaut werden, sollen hier nur kurz erwähnt werden. Sie sind ebenfalls duftarm, ein Erbteil ihrer zur Hälfte amerikanischen Herkunft, und werden daher heute nicht mehr den echten Duftveilchen zugerechnet.

Wer niemals ein gut gezogenes riesenblumiges Veilchen gesehen hat, wird kaum glauben, welche Größe ihre Blüten erreichen können. Reichlich gedüngt und von der milden Frühlingssonne (– oder dem kühlen! Gewächshaus –) verwöhnt, erreichen sie den Durchmesser eines Hornveilchens. Auch die Blätter sind riesig und die Ausläufer lang und kräftig. Die Sorte Triumph, die aber bei uns immer schwerer erhältlich ist, ist eine exzellente Wahl: Nicht nur das tiefe Blau, sondern ihre Vitalität und relative Härte sind überaus hoch zu schätzen. Einiges spricht dafür, dass sie eine Nachfahrin der unübertroffenen Sorte 'KAISER WILHELM II.' ist, taucht sie doch erstmals – offensichtlich von Karl Foerster neu benannt – um 1935 auf, als die alte Spitzensorte aus den Sortimenten verschwindet. Die in England weit verbreitete 'PRINCESSE DE GALLES' (häufig als 'PRINCESS OF WALES' angeboten), die wie das Charlotte-Veilchen bereits im Herbst mit der Blüte beginnt, ist mehr violettblau und hat breitere Petalen, ist allerdings auch empfindlicher. Dunkler im Farbton und eher purpurviolett, ist 'THE CZAR', historisch bedeutsam als Elternteil vieler berühmter Sorten des 19. Jahrhunderts. Langstielig, aber nur mit mittelgroßen Blüten, die weiße 'CZAR BLANC'. 'BARONNE ALICE DE ROTHSCHILD' und 'LA FRANCE' sind wegen ihrer unübertroffenen Blütengröße (mehr als 3 cm Durchmesser) besonders begehrenswert und seit ihrer Einführung 1894 immer als Spitzensorten gepriesen worden.

Tatsächlich ist bei allen alten Sorten eine gewisse Vorsicht angebracht: Veilchenzüchter waren seit jeher sorglos, was die Echtheit ihrer Sorten anbelangt, und Samenvermehrung war weithin üblich. Viele der Sorten mit klangvollen Namen sind erst im letzten Jahrzehnt wiederaufgetaucht – in den wenigsten Fällen ist ihre Identität lückenlos dokumentiert.

Gefüllte Duftveilchen mit den jahrhundertealten Sorten 'PLENA' und 'ALBA PLENA' sind kaum noch zu finden. Unter dem Namen 'FLORE PLENO' existiert noch ein sehr spät blühendes, ausgesprochen schönes blaues gefülltes Veilchen; vielleicht ist es dasjenige, das Karl Foerster enthusiastisch beschrieben und kurzerhand auf den Namen »Tardiflora« getauft hat. In Devonshire ist in jüngster Zeit ein weißes, leicht violett überhauchtes gefülltes Veilchen wiederentdeckt worden: 'BEECHY'S WHITE' wurde nach dem Vorbesitzer des Gartens, einem Dr. Beechy, benannt.

Sehr bedauerlich ist das Verschwinden ungezählter Sorten. Vor dem Ersten Weltkrieg hatte etwa die Gärtnerei Haage in Erfurt fünf im Farbton unterschiedliche gefüllte Sorten im Angebot. Eine alte rosafarbene Sorte findet man noch hin und wieder bei ausländischen Veilchenspezialisten: 'ROSE DE BRUNEAU'. Aus Frankreich stammt eine weitere Sorte 'DOUBLE BLEUE DE MME DUMAS'. In dieser Gruppe werden manchmal noch die weiße

'COMTE DE CHAMBORD' und die blauviolette 'KING OF THE VIOLETS' geführt, die jedoch eher den Parmaveilchen zuzurechnen sind.

Die halbgefüllten Duftveilchen sind fast ausnahmslos im frühen 20. Jahrhundert als Sämlinge großblumiger Arten gefunden worden. Die bekannteste ist 'MRS. DAVID LLOYD GEORGE', großblumig blau mit einer mehrfarbigen Rosette im Zentrum. Wenn sie oder die Sorte 'CYCLOPE' (blau, weiß und hellorangefarbene Rosette) angeboten wird, sollte man nicht zögern und zugreifen, bei der weißen 'REINE DE BLANCHES' aber ist Misstrauen geboten. Die echte Königin der weißen Veilchen ist bisher so wenig wieder aufgetaucht wie die violette 'PRINCESS MARY'. Es wären wahre Kostbarkeiten, eine gewisse Skepsis ist allerdings in jedem Fall angebracht: Es ist fraglich, ob die heutigen Sorten tatsächlich mit den vielgepriesenen alten Sorten identisch sind. 'COUNTESS OF SHAFTESBURY' allerdings, ein PRINCESSE-DE-GALLES-Sämling, mitttelblau, mit rosafarbener Rosette, die schönste von allen, existiert noch; es ist ein seltener Glücksfall, dass sie in Kalifornien überlebt hat.

PARMAVEILCHEN

❧ Parmaveilchen waren wohl bereits seit langem im östlichen Mittelmeerraum in Kultur, bevor sie von Frankreich und Italien aus in die europäischen Gärten eingeführt wurden. Lange Zeit scheinen sie gar nicht von anderen Duftveilchen unterschieden worden zu sein. So findet sich in einem der erhaltenen Bände der Karlsruher Tulpenbücher die Darstellung eines Veilchens »mit seltsam gefüllten Blüten«, wie Gerhard Stamm in seiner Einführung vermerkt, der im Übrigen den noch ganz jungen G. D. Ehret als ausführenden Künstler vermutet. Die etwa um 1730 entstandene Abbildung ist botanisch präzise und weist das Veilchen eindeutig als Parmaveilchen aus. Sie ist damit die älteste Darstellung dieser Spielart.

❧ Alle echten Parmaveilchen sind gefüllt und werden vegetativ vermehrt. Ähnlich selten, wie es bei ihnen zu einer Samenbildung kommt, ist das Auftreten ungefüllter Varianten. Gärtnerisch ist ihre von den Duftveilchen verschiedene Herkunft unerheblich, sie benötigen dieselbe Pflege wie die weniger harten großblumigen Formen des Duftveilchens. In

folgenden Merkmalen kann man sie von V. odorata unterscheiden: Ihr gesamtes Erscheinungsbild ist zarter, das Laub heller und frischgrün, die Blätter weniger gerundet, sondern im Ganzen etwas schmaler und mehr zugespitzt. Die Ausläufer sind nicht so kräftig, aber deutlich länger und zahlreicher, so dass eine gut gewachsene Topfpflanze einer Ampelpflanze gleicht. Die Blüte beginnt im Winter. Die gefüllten Blüten sind größer als die des gefüllten Duftveilchens und deutlich heller im Farbton. Dunkle Formen waren immer sehr selten und existieren heute nicht mehr.

SORTEN DES PARMAVEILCHENS

Tatsächlich sind nur wenige alte Sorten übriggeblieben, nämlich 'DUCHESSE DE PARME', lavendelfarben, 'PARME DE TOULOUSE' (mikrovermehrt unter zahlreichen verschiedenen Namen: »LA VIOLETTA«, »VIOLETTE DE TOULOUSE« oder »DE TOLOSA« im Handel), sowie 'D'UDINE', etwas dunkler. Die nicht sehr vitale 'PALLIDA PLENA' ('NEAPOLITAN'), blass lilafarben, wird als ursprüngliche Form angesehen. Die dunklere 'MARIE LOUISE' (mauve-lavendel mit rosafarbenem Herz) blühte nachweislich vor 1830 im Garten der Frau von Hepp in Nürnberg, 35 Jahre bevor sie von Schuer aus Baden in ganz Europa verbreitet wurde. Sie hat die größten Blüten und längsten Stiele und war daher die bevorzugte Treibsorte. Als weiße Sorten sind noch vorhanden 'COMTE BRAZZA' ('SWANLEY WHITE') mit bläulichem Schein und die neuere, in Neuseeland gefundene Sorte 'HOPLEY'S WHITE' mit grünlichem Herz. Darüber hinaus existiert noch eine kleine Zahl weiterer, seltener Sorten: 'ASH VALE BLUE', weiß mit blassblauen Markierungen auf dem äußeren Rand der Petalen, 'LADY HUME CAMPBELL', 'FELINE' (ungefüllt) und 'GLOIRE DE VERDUN'. Der französische Veilchenfreund Pierre Barandou hat unter seinen Pflanzen sogar ein panaschiertes Parmaveilchen gefunden. Andere Duftveilchen zeigen ebenfalls die Neigung, weißbunte Blätter zu bilden. Ein weiterer Fund Barandous ist 'REINE D'AGENAIS', eine spektakuläre panaschierte Form des Charlotte-Veilchens, beide sind aber wohl nicht mehr vorhanden.

❧ In den Salons der Gründerzeit war ein besonderes Veilchen als Topfpflanze beliebt, das sogenannte »chinesische« Baumveilchen, »Viola arborea«. Als Herkunftsland wurden manchmal auch die Kanarischen Inseln genannt. Tatsächlich ist das Baumveilchen keine eigene Art, sondern

das gewöhnliche Duftveilchen *Viola odorata*, dem man eine spezielle Art der Aufzucht angedeihen ließ, damit es einen bis zu 30 cm hohen – manche Anweisungen sprechen auch von 50 cm und mehr – verholzten Stamm entwickelte. Das aufwendige, mehrere Jahre dauernde Verfahren soll hier nur kurz beschrieben werden: Von kräftigen Jungpflanzen werden bei gleichzeitiger regelmäßiger kräftiger Düngung 2 bis 3 Jahre lang alle Ausläufer und Blütenknospen entfernt und der Haupttrieb aufgebunden. Wenn die gewünschte Höhe erreicht ist, wird der Leittrieb pinziert. Die neuen Nebentriebe können ebenfalls noch in eine gewünschte Form gebracht werden, beispielsweise in Kranz- oder Schirmform. Eine sichere Stäbung ist erforderlich, denn selbstverständlich entwickeln die Baumveilchen keinen echten Stamm. Die so entstandenen, durchaus reichblühenden Pflanzen hatten eine Lebenserwartung von mehreren Jahren. Wie so viele andere Veilchen der Jahrhundertwende gerieten sie aus der Mode und wurden vergessen. Womöglich ließen sie sich auch in den modernen, besser beheizten Wohnungen nur schwer halten. Nach dem Ersten Weltkrieg sind sie jedenfalls nirgends mehr zu finden. Im Zeitalter neuer unbeheizter Wintergärten sei ihnen eine Wiederbelebung gewünscht.

GALANTHOPHILIE – *die Schneeglöckchenleidenschaft*

◆ Im Februar kann man vor allem in englischen Gärten Scharen von erwachsenen, dick vermummten Menschen sehen, die tief gebückt oder auf den Knien die Handschuhe abstreifen, um das Blüteninnere eines Schneeglöckchens zu inspizieren. Und wenn sich dann herausstellt, dass sie im Wesentlichen die Form der grünen Markierung der inneren Blütenblätter examinieren, so ist die Diagnose »verrückt« nicht ganz abwegig. »Galanthophilie«, die übermäßige Liebe also zu den Schneeglöckchen, ist eine ziemlich neue Erscheinung. Seit dem Ende des Zweiten Weltkriegs ist die Zahl der Infizierten zuerst langsam, dann in den Neunzigerjahren rasant gewachsen. Höhepunkt sind die allwinterlichen *Galanthus Galas*, bei denen neue Sorten besichtigt und weitergereicht und Gerüchte über sensationelle Funde

ausgetauscht werden. Befeuert wurde die Schneeglöckchenleidenschaft zweifellos durch das Erscheinen zweier Werke, deren Format und Umfang in auffälligem Gegensatz zur Größe ihres Untersuchungsgegenstandes stehen: *The Genus Galanthus* von Aaron Davis im Jahr 1999, eine umfassende botanische Abhandlung über die Gattung *Galanthus*, und zwei Jahre später das 360 Seiten starke, großformatige Werk *Snowdrops* (2001) von Matt Bishop, Aaron Davis und John Grimshaw, das sich nur mit den kultivierten Formen und Arten befasst.

◆ *Snowdrops* beschreibt neben den etwa 20 Arten des Schneeglöckchens annähernd 500 Kultivare, weit überwiegend in der zweiten Hälfte des 20. Jahrhunderts in England gefunden und oft nur in winzigen Merkmalen voneinander unterschieden. Die Bedürfnisse der Schneeglöckchen, besonders der Bedarf an Fläche, sind im Vergleich zu anderen Pflanzenschätzen eher gering – ein Schneeglöckchen ist in einer Staudenpflanzung immer noch unterzubringen. Allerdings trifft das nicht auf den finanziellen Aufwand zu: 25 Pfund Sterling für eine Zwiebel sind kein ungewöhnlicher Preis, sehr gesuchte Sorten liegen auch darüber. Ebay-Auktionen im Januar und Februar mit Ergebnissen weit über 200 Pfund sind legendär. Findige Kultivateure schneiden unter sterilen Bedingungen mit dem Skalpell einzelne Zwiebeln in hauchdünne Scheiben, um sie zu veranlassen, in feuchtem Sand jeweils ein winziges neues Zwiebelchen zu bilden. Nur so ist es möglich, die immense Nachfrage der Galanthophilen nach seltenen Sorten zu befriedigen. In gewisser Weise gleicht die Schneeglöckchenmanie dem *fern craze* der viktorianischen Pflanzenliebhaber, minimale Unterschiede in Blütenform und -färbung rechtfertigen angeblich einen neuen Sortennamen, ebenso genetische Abweichungen jeglicher Art. Skepsis ist geboten: Manchmal sind wahre Monster darunter, allerdings auch echte Juwelen.

◆ Das gewöhnliche Schneeglöckchen (*Galanthus nivalis*) wird von den meisten Menschen als einheimische Wildpflanze betrachtet, schon früh wegen der spätwinterlichen Blüte und seiner Anmut in die Gärten geholt, der Bote kommender Gartenvergnügen schlechthin. Tatsächlich ist das Schneeglöckchen wohl nicht bei uns heimisch, sondern ein Gartenflüchtling; darauf verweist unter anderem die

Tatsache, dass in Deutschland die Variationsbreite der auftretenden Formen außerordentlich gering ist. Im östlichen Zentraleuropa, in Tschechien und Österreich, findet sich dagegen eine große Zahl natürlicher Variationen.

❧ 1554 zuerst erwähnt und abgebildet wird das Schneeglöckchen von dem Italiener Petrus Andreas Matthiolus in seinem Kräuterbuch. Die deutschen Kräuterbücher dieser Zeit kennen es nicht, ein Indiz dafür, dass es wohl bei uns tatsächlich nicht natürlich vorkommt. 1583 beschreibt Clusius neben unserem Schneeglöckchen bereits ein weiteres, das er wie so viele andere Blumenzwiebeln aus Konstantinopel erhalten haben dürfte. Manches spricht dafür, dass es sich um *Galanthus plicatus* gehandelt hat. Zu dieser Zeit wird das Schneeglöckchen zumeist wie der heimische Märzbecher als »Leucoion« bezeichnet, manchmal auch als »Narcissus« oder gar »Leuconarcissolirion«. Erst Linné legt 1735 den Gattungsnamen *Galanthus* fest. Im 19. Jahrhundert wurden weitere Arten vornehmlich in Südosteuropa, in der Türkei und im südlichen Teil der ehemaligen Sowjetunion entdeckt. Angeblich reisten viele der neuen Arten im Marschgepäck britischer Heimkehrer aus dem Krimkrieg in die Gärten Englands. Die größte Aufregung verursachte der Fund von Pflanzen, die anders als alle bisher bekannten Arten schon im Herbst an blattlosen Stängeln blühen. Heute werden die meisten davon der Art *Galanthus reginae-olgae* zugeordnet. Für die Schneeglöckchenliebhaber war das herbstblühende Schneeglöckchen ein Geschenk des Himmels: Die Blütezeit dieser Pflanzen ließ sich weit über Spätwinter und Vorfrühling hinaus ausdehnen oder vielmehr vorziehen.

❧ Den zweiten Hinweis auf ein schlummerndes Potential lieferte die Art *Galanthus elwesii*, von Henry John Elwes 1874 bei Izmir gefunden und nach ihm benannt. Mit ihm zeigte sich, dass Schneeglöckchen weitaus größere Blüten besitzen konnten als das übliche *G. nivalis*. Bereits 1879 wurde es von der deutschen Blumenzwiebelimportfirma Gusmus in den Handel gebracht. In jüngster Zeit hat sich herausgestellt, dass es sich bei dem Fund von Elwes tatsächlich um die breitblättrige Form einer anderen Art (*G. gracilis*) gehandelt hat. Auf Vorschlag von Aaron Davis ist der Name für die mittlerweile in der Kultur weit verbreitete Art jedoch beibehalten worden. Viele neue Arten aus Südosteuropa,

Vorderasien und aus den Staaten der ehemaligen südlichen Sowjetunion sind seither eingeführt worden, nicht alle sind für den Garten geeignet, manche sind nicht winterhart, andere gedeihen nur unter hochalpinen Bedingungen.

❧ Auf den ersten Blick sind sich alle Formen des Schneeglöckchens weitgehend ähnlich. Sofern abweichende Merkmale gefunden werden können, betreffen sie Größe der Blüte und einzelne Merkmale wie die Färbung der Markierungen insbesondere der inneren Kronblätter (Perianthblätter), außerdem kommen Vireszenz und Luteszenz (Gelbfärbung grüner Pflanzenteile) vor und selbstverständlich auch die Füllung der Blüten.

❧ Als vor einigen Jahren anlässlich einer Tagung der Hamburger Biologe Helmut Poppendieck eine (nicht repräsentative) Umfrage unter Kunst- und Gartenhistorikern, Botanikern und Pflanzenfreunden zur Frage der Schönheit und Akzeptanz gefüllter Gartenblumen machte, stieß die gefüllte Form des heimischen Schneeglöckchens bei vielen Teilnehmern auf deutliche Ablehnung. Unbestreitbar ist sein Blüteninneres einigermaßen unordentlich aufgebaut, ebenso fehlt ihm die schlichte Anmut der einfachen Form. Andererseits ist es in architektonischen Gartenteilen und in der Nähe des Hauses wegen der deutlicheren optischen Wirkung der dicken pausbackigen Blüten oft eher angebracht als die Stammform; das einfache Schneeglöckchen hat seinen großen Auftritt in den naturnahen Teilen des Gartens, besonders dann, wenn es in großen Trupps gepflanzt wird.

❧ Die unvollkommene Form des gefüllten Schneeglöckchens ließ jedoch einem der frühen Galanthophilen keine Ruhe. Ein im Übrigen wenig auffälliger Mr. Greatorex übertrug – seine Pflichten beim Heimatschutz ließen ihm im Zweiten Weltkrieg offensichtlich genug Zeit – Pollen des selbst keine Samenanlagen besitzenden gefüllten *Galanthus nivalis* auf die Art *Galanthus plicatus*, die nur in ihren schönsten Formen dem gewöhnlichen Schneeglöckchen ebenbürtig ist, sich aber als unschätzbares Zuchtelternteil für viele spektakuläre neue Sorten erwiesen hat. Das Ergebnis dieser Zuchtbemühungen waren eine ganze Reihe großblumiger gefüllter Hybriden, die alle sehr wüchsig und ihrem gefüllten Vater im Blütenaufbau deutlich überlegen sind. Wer nicht gerade zu den hartgesottenen ideologischen

Gegnern gefüllter Blüten gehört, wird kaum umhin kommen, das elegante, regelmäßig gefüllte Innere der Blüten zu bewundern. *Galanthus plicatus* hat größere grüne Markierungen auf den inneren Perianthblättern als *Galanthus nivalis*. Manche der Nachkommen verfügen dank dieses Erbes über ein lebhaft grünes Herz. Wenn es überhaupt an den Greatorex-Hybriden etwas auszusetzen gibt, dann, dass allzu viele mit einem eigenen Sortennamen bedacht worden sind; tatsächlich ist es nur Spezialisten möglich, sie alle sicher auseinanderzuhalten.

✤ Neben den Hybriden, von denen es zahlreiche weitere einfache und gefüllte gibt, sind immer wieder auch abweichende Formen von *Galanthus nivalis* selbst gefunden worden; eine der wenigen aus Deutschland stammenden, schon im 19. Jahrhundert entdeckten, ist *Galanthus nivalis* 'Scharlockii'. Der Apotheker Julius Scharlock aus Graudenz entdeckte sie im »Nahethale in der Rheinprovinz«, ein Fundort, der hin und wieder bezweifelt wurde. Der flämische Schneeglöckchenenthusiast Nicolas Top hat allerdings in dieser Gegend vor nicht langer Zeit eine superbe, ungewöhnlich große Form des Scharlock-Schneeglöckchens gefunden. Charakterisiert wird es durch zwei lange Hasenohren, die Blütenhülle ist gespalten und in zwei blattähnliche Verlängerungen umgewandelt. Auch sind außerdem auf den äußeren Perianthblättern zusätzliche grüne Markierungen vorhanden.

✤ Vireszente Formen sind an mehreren Stellen in Europa aufgetaucht, »Grün in Grün« mag vielleicht nicht gerade die glücklichste Farbkombination sein, der Sammlerwert ist unbestritten. Die luteszenten Formen, bei denen alle Markierungen gelb sind, sind hingegen echte Schmuckstücke. Während die gelbliche Form von *G. nivalis* eher etwas heikel ist, sind die neuen gelben Hybriden ausgesprochen wuchs- und auch vermehrungsfreudig. Gelbe Gefüllte sind die Traumpflanzen der Galanthuswelt, bisher existiert nur eine einzige Sorte. Eine weitere besondere Gruppe sind die Poculiformen (»becherförmigen«), bei denen die inneren Perianthblätter sich den äußeren angeglichen haben, so dass eine regelmäßige sechsfach symmetrische Blüte entsteht. Es sind die einzigen wirklich reinweißen Schneeglöckchen.

✤ Die allermeisten Menschen sind sofort beeindruckt, wenn sie 30 bis 40 cm hohe Schneeglöckchen sehen, doch nicht immer stimmen die Proportionen. Ähnlich spektakulär sind riesenblumige Sorten, meist Abkömmlinge des bekannten breitblättrigen *Galanthus elwesii*, erstaunlicherweise wirken sie am besten, wenn ihre pausbackigen Blüten an vergleichsweise kurzen Stängeln direkt über dem kahlen Winterboden erscheinen.

✤ *Galanthus elwesii* wird ebenso wie unser heimisches Schneeglöckchen häufig und manchmal sogar preisgünstiger von Blumenzwiebelversendern und Gartencentern angeboten. Doch hier sollte Vorsicht walten. Vielfach handelt es sich auch heute noch um Wildsammlungen vornehmlich aus der Türkei, die mittlerweile zur Ausrottung ganzer Populationen geführt haben. Zudem bekommt ihnen die lange Trockenlagerung nicht gut, häufig treibt nur ein kleiner Teil der gesetzten Zwiebeln. Die Methode englischer Versender, Schneeglöckchen *in the green*, also mit Laub, nach der Blüte zu verschicken, hat hierin ihre Ursache. Wirklich notwendig ist das nicht; setzt man frisch geerntete Zwiebeln, etwa von einem namhaften Züchter bezogen, so sind sie genauso unproblematisch wie andere Blumenzwiebeln. Trotz der gewaltigen Mengen verkaufter Zwiebeln, und selbst wenn man berücksichtigt, dass viele von ihnen niemals ausgetrieben sind, sieht man *Galanthus elwesii* vergleichsweise wenig in den Gärten. Die wahrscheinlichste Ursache dürfte sein, dass die Käufer einem Irrtum unterliegen. Anders als *G. nivalis* will *G. elwesii* nicht an feucht-kühle Stellen im lichten Schatten gesetzt werden, sondern in die pralle Sonne, dorthin, wo der Boden richtig gebacken wird. So sieht man hin und wieder Kolonien, die im Schotterbett an einer südwärts ausgerichteten Hausmauer stehen, mehr als ein Jahrzehnt überdauert haben und zu großen Trupps herangewachsen sind. Als dritte Art findet man in unseren Gärten manchmal *G. woronowii*, oftmals noch unter dem alten Namen *G. ikariae latifolius*, mit breiten, glänzend-grünen Blättern und einer späten, sonst aber uncharakteristischen Blüte.

✤ Darüber hinaus gibt es jedoch weitere Formen, die mehr sind als bloße Sammelobjekte. Ihr höchst unterschiedlicher optischer Gesamteindruck rechtfertigt es durchaus, eine Auswahl von ihnen im Garten zu ziehen. Schneeglöckchen machen es nämlich eigentlich leicht, sich vom Vollständigkeitswahn der Sammelwütigen zu lösen. Gibt man den

Anspruch auf, alle besitzen zu müssen, kann man auch in kleinen Gärten erlesene Kollektionen versammeln. Die folgende Auswahl von Arten und Sorten enthält mittlerweile bewährte Schätze sowie einige begehrenswerte und seltene Kostbarkeiten.

ALTE UND NEUE SCHNEEGLÖCKCHENSORTEN

Mit *Galanthus reginae-olgae* beginnt Ende September, Anfang Oktober der Schneeglöckchenreigen. Die Form 'CORCYRENSIS', die früher als Unterart angesehen wurde, schließt sich im November an. Der einzige Unterschied, die spätere Blüte, wird heute von den Botanikern als unwesentlich betrachtet, Liebhaber erfreut das Herbstschneeglöckchen damit jedoch durch die längere Blütezeit.

Das »richtige« Schneeglöckchen *Galanthus nivalis* blüht niemals vor Weihnachten oder Neujahr. Einige Hybriden und eine der türkischen Arten machen aber eine Ausnahme.

Galanthus elwesii var. monostictus (früher fälschlich *Galanthus caucasicus*) blüht zu höchst unterschiedlichen Zeiten, manche Formen in England schon im Oktober, hier bei uns oft im Dezember. Von *Galanthus elwesii var. elwesii* unterscheidet sich diese Unterart außer in der Blütezeit durch etwas kleinere Blüten, schmalere Blätter und vor allem durch den grünen »Einzelfleck« (*monostictus*) auf den inneren Perianthblättern, während die Normalform zwei davon besitzt, die oft ineinander verlaufen und dann das gesamte Innere grün erscheinen lassen.

Auch ein (eher halb-)gefülltes Schneeglöckchen blüht vor Beginn des neuen Jahres: 'FARINGDON DOUBLE'. Meist lässt es sich Zeit bis nach Weihnachten, bleibt dann aber lange ansehnlich und verblüht erst, wenn die Saison der Hybriden, seien sie einfach oder gefüllt, beginnt.

Eine der bewährten frühen Sorten ist 'ATKINSII' mit hohen Stängeln und langen, eleganten Blüten. Vielfach ist allerdings eine deformierte Form im Umlauf. Die Autoren der maßgeblichen Monographie *Snowdrops* haben sie abgestraft; sie muss jetzt den Namen 'JAMES BACKHOUSE' tragen, nach dem Mann, der sie einst in den Verkehr brachte. Die echte 'ATKINSII' selbst bleibt eine der ewig rühmenswerten Zierden des Frühlingsgartens.

Das erste vollgefüllte Schneeglöckchen des Winters ist 'LADY BEATRIX STANLEY'. Weniger wohlwollende Schneeglöckchenfreunde sagen ihm nach, die Form erinnere an einen Backenzahn (Primrose Warburg, die Mutter aller Galanthophilen, bestand aber darauf, dass die äußeren Perianthblätter dann doch eher Fangzähnen gleichen). Tatsächlich wirkt 'LADY BEATRIX STANLEY', als sei sie rein weiß, die zweigeteilten grünen Markierungen auf den inneren Kronblättern sind winzig und lassen sich nur bei genauem Hinsehen bemerken.

Ende Januar erscheinen in milderen Wintern auch bei uns die Greatorex-Hybriden. 'HIPPOLYTA' und 'OPHELIA' sind am ehesten erhältlich, 'CORDELIA' ist etwas kleiner, aber außergewöhnlich wohlproportioniert, und 'JAQUENETTA' wirkt besonders grün, da sowohl die inneren als auch die äußeren Perianthblätter deutliche grüne Markierungen aufweisen. Greatorex hielt es, wie schon angemerkt, für angebracht, alle seine Zuchtergebnisse zu benennen – fast immer nach dem weiblichen Personal der Shakespeare-Dramen. Das macht die Schar seiner Hybriden recht unübersichtlich, nicht zuletzt auch deshalb, weil die Namen seither keineswegs immer korrekt überliefert worden sind.

Ein gefülltes Schneeglöckchen ist den Greatorex-Hybriden mindestens ebenbürtig: Das dicht gefüllte 'HILL POË' hat im Idealfall fünf regelmäßige Segmente, seine besondere Schönheit liegt jedoch in der dicken weißen Berandung der inneren Perianthblätter; sie wirken, als hätten sie eine Verzierung aus Zuckerguss.

Gleichzeitig erblühen die vielen einfachen Hybriden in ihren unterschiedlichen Formen. Der Klassiker ist ohne Frage 'S. ARNOTT', ein stattliches Schneeglöckchen mit großer rundlicher Blüte, das erstaunlicherweise sogar duftet. Man sollte so viele davon pflanzen, dass man Sträuße pflücken kann, in der kalten Februarluft spürt man sonst wenig davon. Auch 'MAGNET' wirkt nur richtig in einer größeren Gruppe. Die Blüten haben ein extralanges Stielchen (Pedicel), so dass sie im Wind hin und her schwingen. Gelbe Hybriden sind die Sensation der letzten Jahre, ständig kommen neue hinzu. Zum Glück gibt es auch hier bereits einen Klassiker: 'WENDY'S GOLD', groß, wüchsig und durchaus vermehrungsfreudig.

Die Zahl weiterer Hybriden wächst ständig, alte Sorten werden übertrumpft, manche gehen so schnell unter, wie sie emporgejubelt wurden. Besonders intensiv gesucht wird im Augenblick nach dem gelben gefüllten Hybridschneeglöckchen. Es müsste schöner sein als 'LADY ELPHINSTONE'. Doch damit sind wir zurück bei *Galanthus nivalis*. Auch wenn diese gelbe Form von *G. nivalis flore* pleno ebenso unordentlich gefüllt ist wie jenes, ist es doch ohne Zweifel eines der schönsten Schneeglöckchen überhaupt. Die zarte Mondlichtfarbe dieser spätviktorianischen Elfenlady von 1890 erwartet man sehnsüchtig. Behagt es ihr irgendwo jedoch nicht, oder wurde sie gerade umgepflanzt, kann es sein, dass sie schmollt und vorübergehend ins gewöhnliche Grün zurückfällt. Dann bleibt einem nichts anderes übrig, als aufs kommende Jahr zu warten. Allerdings vermehrt sie sich gut, so dass man von Jahr zu Jahr auf eine größere Zahl von Blüten hoffen darf.

Die einfachen gelben Formen, die zur **SANDERSII GROUP** (früher **LUTESCENS**) zusammengefasst werden, sind weniger wüchsig und zierlicher, sie vermehren sich sehr langsam. Wichtig für sie ist ein Plätzchen, an dem sie nicht untergehen können. Auch in Deutschland sind gelbe Schneeglöckchen aufgetaucht, so die 1977 von Nicolas Top in der Nähe von Köln gefundene **'BLONDE INGE'** und vor einigen Jahren **'SILVIA'**, beide unterscheiden sich von den Sandersii-Formen dadurch, dass das Ovarium grün statt gelb ist.

Neben den luteszenten gibt es eine Fülle von viereszenten Formen, nicht unerwartet bei einer Pflanze, deren Normalform bereits durch grüne Markierungen charakterisiert ist. Neben der bereits beschriebenen *Galanthus nivalis* **'SCHARLOCKII'** ist **'VIRIDAPICE'** bei weitem die bekannteste und am leichtesten erhältliche, beide sind von der Normalform unterschieden durch eine verlängerte Blütenscheide und große grüne Flecken auf den äußeren Perianthblättern; bei **'SCHARLOCKII'** ist außerdem die Blütenscheide in zwei echte Blätter geteilt.

Galanthophile jedoch betrachten diese Formen noch nicht als »wirklich grün«. Dazu müssen die äußeren Perianthblätter hell- und innere Perianthblätter dunkelgrün sein wie bei der Sorte **'VIRESCENS'**. Ihre schmalen, leicht ausgestellten äußeren Kronblätter lassen gute Sicht auf das tiefgrüne Innere. Weitere zumeist eher blassgrüne Sorten existieren, teilweise in Österreich und Tschechien gefunden. **'GREEN TEAR'** kommt dabei sicherlich, was die schöne runde Blütenform betrifft, einem idealen grünen Schneeglöckchen am nächsten. Auch von *Galanthus elwesii*, *G. plicatus* und ihren Hybriden gibt es ähnliche Formen. Besonders bei Zwiebeln von *G. elwesii* aus Wildsammlung finden sich regelmäßig solche mit grüner Strichelung auf den äußeren Perianthblättern. Der Liebhaber freut sich über solche Funde, sollte aber der Versuchung widerstehen, jede Spielart mit einem eigenen Namen zu benennen.

Die vornehmsten Abkömmlinge des heimischen Schneeglöckchens sind sicherlich die Poculiformen. Bei ihnen entwickeln sich die inneren Perianthblätter analog zu den äußeren, haben mithin keine grüne Markierung, die Blüte ist reinweiß. Aber wie es bei den Angehörigen des Hochadels sonst auch vorkommt, es sind nicht alle perfekt, viele sind eher unvollkommen: In den besten Fällen sollte die Blüte völlig regelmäßig gebaut sein mit sechs gleichförmigen Blütenblättern. Bei der Sorte **'SANDHILL GATE'** etwa sind die ursprünglich inneren Perianthblätter noch ein wenig zu klein geraten. Bei britischen Liebhabern gibt es weit perfektere Formen, daneben auch poculiforme Sorten anderer Arten. Besonders schön ist **'GODFREY OWEN'**, wenngleich nicht wirklich poculiform: Sechs gleichmäßig große äußere Perianthblätter sind kombiniert mit sechs inneren Petalen.

Auch die anderen abweichenden Merkmale können kombiniert auftreten, etwa gefüllt mit grünen Markierungen wie bei **'PUSEY GREEN TIP'**, oder wie beim gefüllten Scharlock-Schneeglöckchen **'DONCASTER'S DOUBLE SCHARLOCK'**. Selbstverständlich gibt es auch abweichende Blütenformen. Die meisten sehen etwas zerzaust aus, nur bei wenigen ist die Gartenwürdigkeit unumstritten. Die leicht exzentrische Sorte **'WALRUS'** etwa besitzt stoßzahnähnliche, etwa 2 cm lange äußere Perianthblätter, das gefüllte Innere ist leicht nach außen aufgebogen. In den übrigen Eigenschaften steht es **'SCHARLOCKII'** nahe, mit gespaltener Blütenscheide und grüner Zeichnung auf den äußeren Kronblättern. Eine Gruppe ist allerdings etwas Besonderes: Etwa um 1970 tauchten in England erstmals Pflanzen auf, bei denen – gewissermaßen als Gegenstücke zu den Poculiformen – die äußeren Perianthblätter den inneren gleich geformt sind; wie diese besitzen sie auch die typische Markierung. Zunächst erschien *Galanthus plicatus* **'TRYM'**, eine wirkliche Schönheit mit nach außen geschwungenen, pagodengleichen Kronblättern. **'SOUTH HAYES'** und **'GREEN OF HEARTS'** sind ähnlich, möglicherweise handelt es sich dabei um Nachkommen von **'TRYM'**; besonders **'SOUTH HAYES'** weckt die Begierden der Galanthophilen, ist es doch in der Form weniger exzentrisch, dafür in Haltung und Färbung besonders elegant. Eine ganze Anzahl ähnlicher Sämlinge ist mittlerweile hinzugekommen, es bleibt zu hoffen, dass sie leichter vemehrbar und wüchsiger sind als ihre Stamm-Mutter.

Die wahre Sensation wäre ein Schneeglöckchen in einer anderen Farbe als weiß, gelb oder grün. Nachdem sich schon im 19. Jahrhundert das rosa Schneeglöckchen als gelungener Scherz der Töchter des scheinbar glücklichen Züchters herausgestellt hatte – durch Gießen mit roter Tinte erzielt – ist weitgehend Skepsis angebracht. Bilder von rosa angehauchten Schneeglöckchen tauchen hin und wieder im Internet auf, ebenso Nachrichten von orange- oder aprikosenfarbenen Formen. Man sollte sie nicht allzu ernst nehmen. Außer der Befriedigung ein besonders rares Stück ergattert zu haben, spricht bisher nichts dafür, sich ihretwegen in Unkosten zu stürzen.

HELLEBORUSVERRÜCKT

◆ Gleichzeitig mit dem Schneeglöckchen haben sich zwei Gattungen zu Modepflanzen entwickelt, die für Gartenfreunde zwar schon immer zum unentbehrlichen Mobiliar eines gut angelegten Staudengartens gehörten, aber bislang eher nicht die Rolle glanzvoller – und teurer – Stars gespielt haben. Da sind zunächst die Christ- und Lenzrosen (*Helleborus*). Wie die Farne während des viktorianischen *fern craze* verdanken die Lenzrosen ihre neuentstandene Popularität dem technischen Fortschritt, in diesem Fall den Fortschritten der Pflanzenfotografie. Denn fraglos gehören sie zu den fotogensten aller Gartenpflanzen. Ihre zartfarbigen, manchmal gepunkteten, jadegrünen oder metallisch dunklen Blüten erzielen insbesondere auf hochglänzendem Kunstdruckpapier ihre maximale Wirkung. Allerdings kehrt schnell Ernüchterung ein, wenn die teure hochgezüchtete Sorte endlich im Garten blüht, denn wie bei Filmstars und Supermodels werden dem Betrachter von der Kamera Schönheitsfehler und Mängel unter Umständen vorenthalten. Gerade die großblumigen, hohen Sorten sind nicht sehr standfest und werden leicht von der Schwarzfleckigkeit befallen, einer übertragbaren Pilzkrankheit, bei der die Vernichtung der ganzen Pflanze anzuraten ist. Außerdem muss man vor den meisten von ihnen in die Knie gehen, um ihre – zugegeben bemerkenswerte – Schönheit zu bewundern, halten doch nur wenige Sorten ihre Blüten aufrecht. Insbesondere die in den letzten Jahren häufiger anzutreffenden gefüllten Formen neigen demütig ihre schweren Häupter. Diese Einschränkungen aber beiseite, verdienen sie trotzdem eine hohe Wertschätzung, denn ohne Zweifel sind sie die spektakulärsten Pflanzen, die Ende Februar, Anfang März in unseren Gärten zur Blüte kommen.

◆ Gartenliebhabern ist die Christrose *Helleborus niger* – ein hier und da sogar eingebürgertes Gewächs der Südalpen – erheblich länger vertraut als die Gruppe der Lenzrosen. Während im 17. bis 19. Jahrhundert vereinzelt weitere Helleborus-Arten in der Gartenkultur erschienen, sind die vorderasiatischen Arten, deren Heimat sich um das Schwarze Meer erstreckt, in der ersten Hälfte des 19. Jahrhunderts über die botanischen Gärten von Berlin und St. Petersburg nach Mitteleuropa eingeführt worden. Die Gartenzeitschriften jener Zeit sind des Lobes voll für die vielen unterschiedlichen Spielarten der neu entdeckten Spezies. Schon seit 1856 bringt die »Gartenflora« ihren Lesern Informationen über die Fülle schöner Sämlinge, die aus den Kreuzungsversuchen hervorgehen. Die Berliner »Illustrirten Berichte über Gartenbau, Blumen- und Gemüsezucht, Obstbau und Forstkunde«, ein im pompösen Gründerzeitstil aufgemachtes dreisprachigen Magazin, stellen 1873 die Erfolge des belgischen Züchters Dr. Rodigas vor, und 1879 hat die Erfurter Gärtnerei F. C. Heinemann ein Sortiment selektierter Namensorten im Angebot, darunter die großblumige, purpurrosa 'Apotheker Bogren' und die reinweiße 'Albin Otto', die beide bis in die jüngste Zeit in englischen Sammlungen überlebt haben.

◆ Weniger klar ist die botanische Einordnung; die Nomenklatur der Lenzrosen wird noch bis zum Ende des 20. Jahrhunderts die Botaniker beschäftigen. Heute ist allgemein akzeptiert, dass dem Namen *Helleborus x hybridus* – erstmalig in Vilmorins *Blumengärtnerei* von 1894 verwendet – Priorität zukommt. Der früher übliche Name Orientalis-Hybriden sollte nicht mehr benutzt werden, da die heutigen Pflanzen auch die Gene zahlreicher anderer Arten in sich tragen. Die Nachkommen der Heinemannschen Hybriden verbreiteten sich schnell in den mitteleuropäischen Gärten, Lenzrosen lassen sich nämlich aus – frischem ! – Samen ungemein leicht vermehren. Zwar dauert es meist drei volle Jahre, bis die Sämlinge zur Blüte kommen, aber unter der zahlreichen Nachkommenschaft sind stets einige Pflanzen, die den Eltern an Schönheit gleichkommen, wenn sie sie nicht sogar übertreffen, allerdings auch immer viele trüb grün-rosafarbene, schmutzig getüpfte Bastarde. Durch Handbestäubung und gezielte Selektion und mit der notwendigen Geduld können dennoch höchst erfreuliche Kollektionen entstehen.

Aber auch diejenigen Gartenfreunde, die ihren Lenzrosen gestatten, zu verwildern und ihre Samen frei zu verstreuen, werden mit der Zeit ansehnliche, natürlich wirkende Bestände erzielen, in denen die Farben der Blüten miteinander harmonieren und deren wintergrünes Laub dem Garten das ganze Jahr über zur Zierde gereicht. Kein Anlass also für Verrücktheiten – wenn da nicht in den Achtzigerjahren des 20. Jahrhunderts englische Züchter und Züchterinnen – Helen Ballard, Elisabeth Strangman, Eric Smith und Jim Archibald – Pflanzen in erlesenen reinen Farben selektiert hätten und ihren Zöglingen zudem wie schon die Gärtnerei Heinemann mehr als 100 Jahre zuvor Sortennamen beigelegt hätten. Der Ruhm dieser Sorten, verbreitet vor allem durch die Errungenschaften der Farbfotografie, ließ die Enthusiasten alljährlich von weither im Februar in die kleinen englischen Spezialgärtnereien pilgern, um eines der wenigen durch Teilung erzielten Exemplare der gesuchten Sorten zu erobern. Als in einem spektakulären Coup dann der Mutterpflanzenbestand von Helen Ballard von der deutschen Züchterin Gisela Schmiemann erworben wurde, die sich bereits mit der Verbreitung der gefüllten Sorten und der genauen Ermittlung ihres Ursprungs – offensichtlich sind gefüllte Orientalisformen erstmals 1971 im Züchtungsprogramm des Kölner Botanikers Josef Straub aufgetreten – einen Namen gemacht hatte, ergriff das Helleborusfieber auch weite Kreise deutscher Staudenfreunde. Allerdings dürfte sein Höhepunkt bereits überschritten sein. Mittlerweile scheint sich herumgesprochen haben, dass die namenlosen Abkömmlinge berühmter Sorten diesen keineswegs nachstehen müssen, ebenso wie die Tatsache, dass Blütengröße und spektakuläre Blütenfarbe allein noch keine gartenwürdige Pflanze ausmachen.

Wenn also das Fieber abgeklungen und eine gewisse Immunität vorhanden ist, dann ist der richtige Augenblick gekommen, diese eigentlich unentbehrlichen Stauden kühl und überlegt zu bewerten. Und das kann eigentlich nur heißen, sich nicht von spektakulären Namen hinreißen zu lassen, sondern sich zur Blütezeit die Pflanzen in den Gärtnereien anzuschauen und das Angebot einigen kritischen Fragen zu unterziehen, nämlich:

- ist nicht nur die Farbe schön, sondern auch die Blütenform? Sind also die Blütenblätter wohlgerundet und decken sie sich gegenseitig?
- stehen die Blüten waagerecht, hängen sie wenigstens nicht allzu sehr? Leider wird sich dieser Fehler bei den Gefüllten nicht ganz vermeiden lassen. Ihre schweren Blüten werden unabänderlich von der Schwerkraft nach unten gezogen. Allerdings gibt es auch halbgefüllte Formen, sie sind sicher einen Versuch wert.
- sind die Stängel stabil genug, die relativ großen Blüten zu tragen? Eine im Vorfrühling noch weitgehend blattlose Pflanze, die eine Stütze benötigt, verliert viel von ihrer Wirkung.

ÄLTERE HELLEBORUSSORTEN

Auch wenn es nicht unbedingt die teuren Namensorten sein müssen, die wegen häufiger Teilung zudem oft nicht mehr vital und blühfreudig sind, so sollen hier doch einige wenige klassische Sorten Erwähnung finden, da sich an ihnen die erreichten Standards verdeutlichen lassen.

'SIRIUS' – eine frühe gelbe Sorte von Eric Smith; die Farbe ist allerhöchstens ein blasses Primelgelb, und die Blütenblätter sind eher sternförmig als rund, dafür glänzt sie mit außergewöhnlicher Haltung: Die Blüten stehen waagerecht und neigen nicht zum Hängen. Heutige gelbe Sämlinge und Sorten sollten neben einer kräftigeren Farbe und einer schöneren Blütenform diese Eigenschaft ebenfalls besitzen.

'USHBA' – (Helen Ballard) der Durchbruch bei den reinweißen Orientalis-Hybriden, die sonst oft einen grünlichen Schein aufweisen. Weiße Sämlinge dieser Qualität machen der Echten Christrose durchaus Konkurrenz, sind sie den Bedingungen unserer Gärten doch weit besser angepasst. Der Ruhm von 'USHBA' ist noch nicht verblasst, die Angabe »Sämling von 'USHBA'« gilt weiterhin als Gütesiegel.

'PLUTO' – ein purpur-schwarz-grüner Abkömmling von *H. torquatus* mit dem Charme der Wildart, aber größeren Blüten und akzentuierter Färbung: außen grünlich, innen fast schwarz mit ebenfalls dunklen Nektarien wurde diese Sorte die Stammmutter des QUEEN OF THE NIGHT-Strains, einer Samenlinie mit nachtschwarzen Blüten. Die wahre 'PLUTO' ist kaum mehr zu finden, nicht alles, was unter diesem Namen angeboten wird, ist echt.

Bei Sammlern sind viele der anderen weniger bekannten Torquatus-Abkömmlinge von Eric Smith weiterhin sehr gesucht, denn in ihren ungewöhnlichen, immer grüngrundigen Farben und ihrem insgesamt etwas zierlicheren Habitus eignen sie sich besonders gut für naturnah gestaltete Gartenbereiche. Dies gilt auch für die grünblütigen Formen. Sie sind übrigens nicht vireszent, denn die »Blütenblätter« der Gattung Helleborus sind eigentlich Kelchblätter (Sepalen). Ihre Farbe ist das Erbteil von *H. odorus*, einer südosteuropäischen Art mit waagerechter Haltung der Blüten, die selbst eine gute Gartenpflanze ist mit einem Duft, der einmal als holunder- oder johannisbeerartig, dann wieder als moschusartig süß beschrieben wird.

Bei den gepunkteten Sorten, die aus der Nachkommenschaft von *Helleborus orientalis* subsp. *guttatus* hervorgegangen sind, gibt es zwei unterschiedliche Typen, nämlich solche mit feiner Punktierung, die sich über das gesamte Blütenblatt verteilt, und einen anderen Typ, bei dem sich stärkere Tupfen in der Mitte der Sepalen konzentrieren, hin und wieder sogar zu einem Fleck zusammenlaufen. Unter den vielen Sämlingen dieses Typs wird man ohne große Schwierigkeiten Pflanzen finden, die den genannten Normen zumindest nahekommen. Dasselbe gilt für die reinen Blütenfarben. Neben den bereits erwähnten Farben Gelb und Weiß sind Rosa und Rot besonders intensiv züchterisch selektiert worden, von Apfelblütenrosa über Reinrosa und klares, möglichst wenig blaustichiges Rot bis hin zum tiefen Schwarzrot. Bei einem guten Helleboruszüchter wird man zur Blütezeit sicher seine Wunschpflanze finden. Blauschwarz bereifte, ⊠pflaumenfarbene⊠ Blüten, oft mit dunklem Laub, sind ebenfalls mittlerweile nicht mehr selten.

Doch gibt es durchaus noch Besonderes zu entdecken. *Picotees* sind weißgrundig mit schmalem roten Rand, die schönsten zusätzlich mit markanter roter Aderung und dunklen Nektarien (Saftdrüsen); Zweifarbige, bei denen die Innenseite heller ist als die Außenseite der Blüte, und Aprikosenfarbige, eigentlich mehr ein Lachsrosa, dem jeglicher Blaustich fehlt, sind hinzugekommen und selbstverständlich finden sich alle diese Merkmale auch in Kombination. Doch hier ist eine Warnung am Platz: Spektakuläre Farbkombinationen sollte man kritisch anschauen, ein gelber Pullover mit burgunderroten Tupfen ist eine außerordentliche modische Extravaganz, bei Lenzrosen gilt Entsprechendes.

Die gefüllten Formen haben sich mittlerweile durchgesetzt: Da auch sie sich durch Samen vermehren lassen, sind die anfangs astronomischen Preise auf ein realistisches Maß gesunken. Im Topf gezogen und an einem erhöhten ⊠ und geschützten ⊠ Platz aufgestellt, kommen sie auf jeden Fall besser zur Geltung als tief gebeugt in der feuchtkalten Witterung des Vorfrühlingsgartens. Ein Vergnügen sollte man sich aber keinesfalls entgehen lassen, nämlich selbst junge Pflanzen zu ziehen, und sei es nur, die Sämlinge, die in der Nähe der Mutterpflanze aufgehen, sich entwickeln zu lassen und sie, wenn ihre Blüte gefällt, an einem geeigneten Ort weiter zu kultivieren.

HOSTAKRANK

❧ Eine andere Manie hat einen der Helleborusmode ganz ähnlichen Verlauf genommen. Die Funkien (der ungültige lateinische Name *Funkia* für die Gattung *Hosta* hat sich bis heute erhalten) sind eine Gattung altbewährter Schattenstauden, geschätzt wegen ihres dekorativen, häufig gelb oder weiß panaschierten Laubes. Schon lange in Japan in Gartenkultur, wurden sie 1712 erstmalig von dem Lemgoer Naturforscher Engelbert Kaempfer beschrieben. 1789 erreichten dann auch erstmals Pflanzen Europa, wo sich die Gattung recht bald in mehreren Arten in den Gärten verbreitete. Seit Beginn des 20. Jahrhunderts werden sie systematisch gezüchtet, und viele bewährte Sorten sind seither im Angebot. Unvermittelt wurden sie etwa um 1990 zur Modepflanze. Man kann sich des Eindrucks nicht erwehren, dass die Hosta-Hysterie ein künstlich erzeugtes Phänomen war. 1995 bekannte zwar auch die irische Gartenjournalistin Helen Dillon, sie sei »hostakrank«, ihren Scharfblick hatte sie aber keineswegs verloren und urteilte kritisch, dass der Markt von amerikanischen Sorten »mit absurden Namen« (Ihren Beispielen »Blaue Grübchen«, »Knitterfreude« »Chartreuse Gewackel« soll hier noch der »Heilige Maulwurf« hinzugefügt werden « – tatsächlich ist 'Holy Mole' eine wunderschöne Sorte mit großen Blüten in zartesten Violett) und skandalösen Preisen überflutet wurde. Es war den Züchtern gelungen, das freie Spiel von Angebot und Nachfrage zu den eigenen Gunsten zu manipulieren. Das Angebot bestimmte den Preis, die Hostasüchtigen waren bereit, ihn zu zahlen. Im Frühjahr 2000 bot eine deutsche Staudengärtnerei mehr als 300

Sorten an, Preise über 100 DM für eine Pflanze waren dabei nicht ungewöhnlich, die teuerste Sorte kostete 290 DM. Einen *HostaWalk*, einen Weg also mit beidseitiger Hostabepflanzung, anzulegen war *très chic*, und als Kübelpflanze machte die Funkie ebenfalls Karriere. Von einem spontanen Einkauf in einer Staudengärtnerei brachte eine Freundin Hostas im Wert von fast 500 € mit, ein anderer Enthusiast hatte sein Gartenhäuschen Topf an Topf mit wertvollen unterschiedlichen Sorten umstellt, es müssen etliche Dutzend gewesen sein; zugegebenermaßen ein beeindruckender Anblick.

ALTE UND NEUE HOSTASORTEN

Dabei standen und stehen seit langem bewährte, gartenwürdige Sorten zur Verfügung, nicht unbedingt billig, aber durchaus ihren Preis wert. Vor allen anderen ist *Hosta sieboldiana var. elegans* zu nennen; seit 100 Jahren ist diese von Georg Arends gezüchtete Sorte ein Glanzstück jedes Gartens. Es gibt verschiedene Klone, ihre besten Formen sind unübertroffen: Die architektonische Gesamtgestalt, die gehämmerte Struktur und Substanz der Blätter und ihre rauchig-opalisierende blaue Farbe machen diese große Pflanze zu einem solitären Juwel.

Ihr Abkömmling '**FRANCES WILLIAMS**', 1936 in den USA entdeckt, wurde ein Bestseller, von keiner anderen Sorte sind weltweit mehr Pflanzen verkauft worden. Ein wenig kleiner als '**ELEGANS**', unterscheidet sie sich durch die cremefarbene, ausdrucksvolle Panaschierung der blaugrünen Blätter. Etwa zur selben Zeit entstand bei Karl Foerster die goldene Form '**SEMPERAUREA**', die man heute leider seltener angeboten findet als die moderneren gelben Züchtungen, wie etwa '**SUM AND SUBSTANCE**'. Letztere ist gut sonnenverträglich, '**SEMPERAUREA**' hingegen gedeiht besser im Halbschatten.

Alle großblättrigen Funkien bieten einen wundervollen Anblick, wenn ihre saftig-dicken Sprosse austreiben. Dies geschieht allerdings bei den meisten Arten erst relativ spät, so dass reine Hostapflanzungen noch Ende April weitgehend blattlos daliegen. Zudem ist zu diesem Zeitpunkt bereits ein hungriges Schneckenheer herangewachsen, das über Nacht einen Spross bis auf den Erdboden kahl zu fressen vermag – es gibt für Schnecken kaum einen größeren Leckerbissen als ein noch unentfaltetes Hostablatt. Schneckenkorn ist ein Muss, wenn man sein Hostabeet nicht mit einem messerscharfen Schneckenzaun umgeben will.

Es empfiehlt sich außerdem, die Zwischenräume mit kleinen Frühlingsblühern zu bepflanzen, um den winterlichen Eindruck einer leeren Fläche zu vermeiden. Schneeglöckchen sind besonders geeignet, sie haben nichts dagegen, wenn ihre vergilbenden Blätter im Spätfrühling von den großen Blattschirmen der Hostas verborgen werden.

Hostas mittlerer Größe gibt es in unübersehbarer Fülle, gute Staudengärtnereien bieten davon eine Auswahl breit- und schmalblättriger, gelb und weiß panaschierter Sorten mit Blattfarben von Gold über Chartreuse und Grün bis zu nebligem Blau. Bevor man seine Wahl trifft, sollte man eine ausgewachsene Pflanze angeschaut haben, wenigstens anhand eines Photos, denn Jungpflanzen lassen selten Rückschlüsse auf das spätere Erscheinungsbild zu. Oft stellt sich beim Anblick der Blüten eine gewisse Ernüchterung ein, selten sind sie wirklich schön, dagegen meist im Verhältnis zur Blattgröße unterproportioniert. Man darf schon dankbar sein, wenn sie den Gesamteindruck nicht stören. Darin liegt eine echte Herausforderung für die Züchter; anstatt die Zahl der panaschierten Sorten ins Unermessliche wachsen zu lassen, wäre eine Verbesserung von Blütenform und -größe ein wünschenswertes Ziel der Hostazüchtung.

Bei den Miniaturfunkien dagegen stimmt die Proportion von Blatt- und Blütengröße. Ebenfalls in vielen Blattformen und -farben erhältlich, sind einige Sorten auch als Blütenpflanzen empfehlenswert. *Hosta sieboldii* '**ALBA**' sei hier als Beispiel für ein solches kleines Schätzchen genannt.

Eine größere Art jedoch vermochte schon immer durch die Schönheit, Größe und Duft ihrer bis zu 10 cm langen Blüten zu überzeugen, *Hosta plantaginea*, besonders die Varietät *japonica* (früher '**GRANDIFLORA**'). Sie ist eigentlich ein Schatz mediterraner Gärten und liebt die Wärme, auch pralle Sonne kann ihr nichts anhaben. Als erste Art, die Ende des 18. Jahrhunderts Europa lebend erreichte, verbreitete sich rasch, doch ist sie in den heutigen Gärten und Staudensortimenten selten geworden. Dafür gibt es einen naheliegenden Grund. Vielfach als Schattenpflanze verkannt, ist sie bei uns nur selten befriedigend zum Blühen zu bewegen. Ihre späte Blütezeit im August, bei uns oft sogar erst im September, ist zudem abrupt beendet, wenn die Nächte kühler werden. Wer es trotzdem mit ihr versuchen will, sollte sie an einen nach Süden ausgerichteten Gehölzrand oder an den Fuß einer warmen Mauer pflanzen, womöglich in ein die

LINKS Die klassische *Hosta* 'Frances Williams' *(ganz links)*, 'Galaxy', außergewöhnlich und rar / **RECHTS** 'Revolution' mit deutlicher Strichelung auf der weißen Blattmitte

spätsommerliche Wärme speicherndes Kiesbeet. Auch als Kübelpflanze an einem geschützten, sonnigen Platz kommt ihr gesundes, leuchtend grünes Laub hervorragend zu Geltung. Wenn ihre Blüten erscheinen, hat sich alle Mühe gelohnt. Dass unter unseren klimatischen Bedingungen nicht alle Knospen Zeit haben, sich zu entwickeln, wird man zwar mit Bedauern hinnehmen müssen, ist aber nur ein kleiner Fehler. Natürlich hat man versucht, ihre guten Eigenschaften durch Kreuzung mit weniger wärmeliebenden Arten weiterzugeben. Es sind vorzügliche Ergebnisse entstanden, etwa die Sorte 'ROYAL STANDARD', die an die Blütenschönheit der Ausgangssorte fast heranreicht und sicherer blüht.

Hosts plantaginea var. *japonica* hat darüber hinaus eine gefüllte Schwester, die Sorte 'APHRODITE', in der Gattung eine große Seltenheit. Ihre Einführung aus China in den Achtzigerjahren war von Anfang an mit einer doppelten Portion Skepsis begleitet. Nicht nur vermutete man zu Recht, dass sie ähnlich wärmebedürftig ist wie ihre Schwester, zudem gehören Hosta-Enthusiasten gewöhnlich eher zu den Anhängern der »natürlichen« Blütenform, so wie ja die Pflanzen selbst am besten in einem natürlich wirkenden Gartenschema zur Geltung kommen, Es steht jedoch außer Frage, dass 'APHRODITE' ihrem Namen alle Ehre macht. Man sollte sie an eine prominente, sonnige und warme Stelle des Gartens pflanzen, am besten vor einen dunkellaubigen Hintergrund. Die gefüllten Blüten sind etwas kürzer als bei var. *japonica*, allerdings von perfekter Füllung in reinem Lilienweiß. Hinsichtlich der Blütezeit ist sie gleichermaßen problematisch wie ihre Schwester, aber welche Schönheit ist schon völlig ohne Makel? Manchmal werden »Verbesserungen« dieser Sorte angeboten, so die Sorten 'VENUS' und 'YU LEI' ('WHITE FAIRY'), tatsächlich sind die Unterschiede eher gering.

Hosta rectifolia 'FUJIBOTAN' mit bis zu 50 gefüllten, rosalila Blüten an hohen Stängeln ist dagegen deutlich problemloser und die Sorte 'ROYAL SUPER' ist trotz des albernen Namens eine empfehlenswerte halbgefüllte Sorte.

Der Höhepunkt des Hostarausches ist sicher überschritten, dem Ansehen dieser wertvollen Gartenstauden hat er glücklicherweise nicht geschadet. Ob sich noch sensationelle neue Formen finden lassen, wird die Zukunft zeigen. In den letzten Jahren sind rotstängelige Varianten ausgelesen worden, etwa die Sorte 'RED OCTOBER', eine Eigenschaft, die am besten an etwas erhöhter Stelle oder im Topf zur Geltung kommt. Ein gewisses Interesse besteht neuerdings auch bei uns an Sorten mit gestrichelter oder gesprenkelter Panaschierung, die in Japan bereits seit langem gesammelt werden. Oft sind sie in ihrer Blattzeichnung nicht besonders stabil. In jüngster Zeit sind aber Neueinführungen wie 'ALLEGAN FOG' und 'REVOLUTION' erhältlich, deren auffallende Zeichnung offenbar haltbarer ist. Ähnliche Sorten haben nicht immer gehalten, was man sich von ihnen versprochen hat; die großen, beeindruckenden Sorten 'ICE AGE TRAIL' und 'GALAXY' sowie die kleinere 'SPILT MILK' – letztere sieht ihrem Namen entsprechend tatsächlich aus, als sei Milch darüber verschüttet worden – sind jedoch allesamt einen Versuch wert.

✦ Wenn man so will, ist dies Interesse an gestreiften und geflammten, gestrichelten und gesprenkelten Blättern das moderne Gegenstück zu der Lust früherer Zeiten an Bizarden und Pikotten. Das Entzücken über die subtilen Unterschiede ist nicht völlig untergegangen und gehört wie eh und je zu den Freuden der Gärtner. Die Lust an besonderen Gartenblumen, selbst wenn sie manchmal Formen annimmt, die andere belächeln, ist der Gartenkultur immer förderlich gewesen. Sie hat den Gartenliebhabern nicht nur eine Fülle wunderbarer Pflanzen geschenkt, aus denen sie wählen können, sondern vor allem anderen ihr Auge auf die Vielfalt und Unterschiedlichkeit gelenkt, die durch gärtnerisches Geschick hervorgebracht wurde, und sie dadurch – wie es die Blumisten des 18. Jahrhunderts wünschten – belehrt und erfreut.

PFLANZ-VORSCHLÄGE FÜR HEUTIGE GÄRTEN

Moden vergangener Zeiten dienen allenthalben als Inspiration für heutige Trends, sie buchstabengetreu nachzuvollziehen hingegen ist lediglich dort vonnöten, wo historische Exaktheit verlangt wird, im Bereich der Denkmalpflege etwa oder dort, wo beispielsweise in Ausstellungen geschichtliche Kenntnisse vermittelt werden sollen. Wer also historische Formen des Gärtnerns aufgreifen möchte, darf ohne schlechtes Gewissen die alten Gartenpflanzen heutigen Gepflogenheiten entsprechend verwenden und neue Kombinationen ausprobieren.

DER TOPFGARTEN

✦ Standortgerechte Pflanzkombinationen und der Gartensituation angemessene Pflanzvorschläge für historische Sorten zu finden, ist nicht immer leicht. Pikotierte Anemonen und Ranunkeln, geflammte Nelken oder gar die entzückenden kleinen Abnormitäten gehen in normalen Staudenbeeten schnell unter, erst recht die heikleren Pflanzen wie Aurikeln und Parmaveilchen. Für solche Pflanzen ist eigentlich nur die Haltung in Töpfen zu empfehlen. Während der Blütezeit können diese dann dort aufgestellt werden, wo sie am besten zur Geltung kommen, die kleinen Schätze am besten in Augenhöhe.

✦ Fast alle vorgestellten Pflanzen sind dafür geeignet, manche wie Schau-Aurikeln oder Topfranunkeln sind von vornherein nicht zur Ausplanzung im Garten gedacht. Mit guter Planung gelingt es, die gesamte Gartensaison hindurch Besonderheiten zu präsentieren:

SCHNEEGLÖCKCHEN; edle Sorten im Herbst eingetopft oder zu Beginn der Blüte einfach vorsichtig aus dem freien Land geholt.

MÄRZVEICHEN und Parmaveilchen; im Kalten Kasten oder im Gewächshaus (Temperatur über 8°C) vorgetrieben.

LENZROSEN, besonders die gefüllten Formen; erhöht aufstellen, damit man in ihre »Gesichter« schauen kann. Bei großer Kälte kurzfristig ins Zimmer holen oder ins Gewächshaus stellen. *Helleborus* legen ihre Stängel bei tiefen Minustemperaturen flach auf den Boden und erholen sich danach nur langsam.

FRÜHLINGSPRIMELN, besonders die gefüllten und die anomalen Formen, aus dem kühlen Gewächshaus oder dem freien Land; in Töpfen nur frostfrei überwintern!

HYAZINTHEN; für Töpfe müssen die Zwiebeln im Herbst in sandiges Substrat gepflanzt werden, Hyazinthengläser sind nur für frostfreie Räume geeignet.

TULPEN; ebenfalls in sandiges Substrat – während Hyazinthen, die nach der Blüte ausgeplanzt werden, sich meistens erholen, sind Tulpen empfindlicher. Wertvolle Sorten daher besser nicht verwenden. Auch die historischen Narzissensorten – hier nicht vorgestellt – lassen sich auf diese Weise verwenden. Kleinere Frühlingsblüher, wie die selteneren Formen von Buschwindröschen, Leberblümchen und Maiglöckchen.

Alle monströsen Formen wie Plymouth-Erdbeere, Rosenwegerich, Henne-und-Küken-Maßliebchen.

TOPFRANUNKELN; in Gärtnereien und großen Gartencentern kann man im großen Angebot oft einzelne pikotierte und gestrichelte Formen finden.

FEDERNELKEN; Topfhaltung ist oft die sicherste Möglichkeit, sie vor Fäulnis zu bewahren; frostfrei und relativ trocken überwintern.

HOSTA; die feine Strichelung und Sprenkelung mancher Sorten kommt eigentlich erst im Topf richtig zur Geltung. Die verschiedenen Formen von *Hosta plantaginea* benötigen recht große Kübel in voller Sonne.

HERBSTZEITLOSE; hier besonders die selteneren Formen; nach der Blüte auspflanzen. Das Laub erscheint im Frühling; wenn es im Sommer einzieht, können die Zwiebeln erneut in Töpfe gesetzt werden

BESONDERE FARNVARIETÄTEN; Farne verlangen ein humoses Substrat, edlere Sorten sollte man daher nur kurzfristig im Topf halten. Sie sind besser in richtigem Waldboden aufgehoben, wo ständig neuer Laubmulch entsteht.

EINE VIKTORIANISCHE »FERNERY«
für leicht schattige Bereiche

✦ Eigentlich entspricht eine »Farnschlucht« den Ansprüchen der Farngewächse bereits vollkommen, auch am natürlichen Standort finden sich oftmals nur wenige andere Pflanzen. In kleineren Gärten wünscht man sich allerdings eine größere Pflanzenvielfalt, möglichst auch die eine oder andere blühende Pflanze. Da im Frühling das Blattwerk von Laubgehölzen nicht sehr dicht ist, lassen sich die meisten der kleinen Frühlingsblüher gut zwischen die Farne setzen. *Anemone nemorosa*, *Ranunculus ficaria* mit ihren Formen lieben ebenfalls leicht feuchte, halbschattige Standorte, die gestreiften Blätter von *Convallaria majalis* 'Albostriata' passen vorzüglich zum spektakulären Austrieb der Farnwedel, ebenso alle Salomonssiegel. Im Spätfrühling, wenn das Blätterdach bereits dichter wird, bringt die zarte Blüte der Akeleien Farbe in diese Welt unterschiedlichster Grüntöne. Ihr filigranes Laub kommt besonders bei den gelben und gelb-panaschieten Formen zur Geltung. Die frühblühenden

Veilchen passen selbstverständlich ebenfalls dazu, sie sollten aber eher an die sonnigeren Ränder gepflanzt werden, ebenso *Fragaria vesca* 'Multiplex', denn wo es zu dunkel ist, blühen beide nicht. Dasselbe gilt für die Marta-gonlilien, die einen hellen Standort benötigen, auch wenn ihre Blüten vor dunklem Hintergrund und bei schrägem Sonneneinfall am besten wirken.

EIN »HOSTA WALK«

✦ Einen Weg oder eine Auffahrt nur durch eine einzige Pflanzenart, in diesem Falle mit Hostas, zu begrenzen ist ein ebenso überzeugender wie spektakulärer Einfall, und man findet besonders in englischen und amerikanischen Gärten zahlreiche gelungene, höchst unterschiedliche Beispiele. Allein das Zusammenstellen verschiedener Sorten bereitet schon großes Vergnügen, setzt allerdings eine sichere Vorstellungskraft und Erfahrung voraus, denn es ist oft nicht leicht, den Jungpflanzen ihr späteres Erscheinungsbild anzusehen.

✦ Wie schon erwähnt, besteht ein weiteres Problem in der Tatsache, dass selbst im Spätfrühling oft nicht alle Pflanzen ausgetrieben sind. Vorfrühlingsblüher wie etwas robustere Sorten von Schneeglöckchen und *Ranunculus ficaria* können die kahlen Flächen beleben. Ihr vergilbendes Laub wird von großen Hostas alsbald nach dem Austrieb überdeckt.

✦ Lenzrosen passen ausgezeichnet in den Hintergrund. Wie Hosta ertragen sie die Nähe und den Schatten größerer Gehölze und sogar eine gewisse Bodentrockenheit, anders als Hostas sind sie jedoch wintergrün und ihre Blätter auch in der kalten Jahreszeit ansehnlich. Damit die Blütenstängel zur Geltung kommen, sollte man sie Anfang Februar bis auf den Boden zurückschneiden.

✦ Einmal eingewachsen, ist ein solcher Hostapfad wenig pflegebedürftig und ausgesprrochen langlebig. Sowohl Funkien als auch Lenzrosen können viele Jahre am selben Ort stehen bleiben, Schneeglöckchen wachsen zu großen Trupps heran. Da dies Pflanzschema vor allem auf die Gesamtwirkung zielt, ist es für Raritäten weniger geeignet.

RECHTS Bauerngarten mit klassischem Wegekreuz

DUFTGARTEN IN RITZEN UND FUGEN

✤ Federnelken mit ihrem grasartigen, silbrigen Laub sind in den Fugen einer sonnigen, mit Natursteinen gepflasterten Terrasse oder eines Innenhofs besonders gut aufgehoben, da sie vor Bodennässe geschützt sind und die Steine die Sonnenwärme speichern. Viele Sorten von Kräutern wie Rosmarin, Thymian und zahlreiche Sorten des Salbeis lieben diese Bedingungen ebenfalls. Für höhere Stauden, Blumenzwiebeln und Strauchrosen, insbesondere auch die stark duftenden Alten Rosen, können größere Aussparungen im Pflaster belassen werden. Dies ist auch die rechte Umgebung für die Regeliocyclus-Iris, und sogar manche der wüchsigeren Aurikeln gedeihen in den Fugen, wenn sie nicht allzu sehr in der prallen Sonne stehen. Allen gemeinsam ist ihr wunderbarer Duft, der sich schon bei ein wenig Sonnenwärme zu entfalten vermag.

GARTEN IN TRADITIONELLER ANLAGE

✤ Vielen Bauerngärten, aber auch älteren Anlagen in der Stadt liegt ein einfaches Schema zugrunde: An allen vier Seiten von (Haus-)Mauern oder Hecken umgeben, ist das Gartenstück nur durch ein einfaches Wegekreuz gegliedert. Entlang der Seiten und der Mittelwege sind Beete angelegt, die jeweils nach ihrer Lage genutzt werden können, Spaliere mit wärmeliebendem Obst an sonnigen Wänden, davor Staudenrabatten und Gemüsebeete, Beerenobst in weniger sonnigen Bereichen. Entlang der Wege sind Apfelstämme gepflanzt, Spalierobst in kleineren Gärten, Hochstämme in den größeren. Die Beete darunter können mit Gartenaurikeln eingefasst sein oder auch mit der buschigen, immertragenden Monatserdbeere. Auf den Beeten selbst gibt es mehr oder weniger besonnte Plätze; Frühlingsprimeln aller Art, Veilchen und viele weitere altmodische Stauden und Rosen können dort gedeihen, auch Blumenzwiebeln wie die gefüllten Hyazinthen. Sogar Kaiserkronen, die sonst nicht leicht in einem Pflanzschema unterzubringen sind, wirken hier nicht unpassend. Die echten alten gebrochenen Tulpen stehen – einzeln gepflanzt – hier am richtigen Platz, denn zu ihrer Blütezeit Anfang Mai konkurrieren sie nur mit den Blüten der Apfelbäume. Da Obstbäume regelmäßig beschnitten werden, besteht keine allzu große Gefahr, dass die Lichtverhältnisse sich wesentlich ändern – eine derartige traditionelle Gartenanlage kann über viele Jahre bestehen. Ein solcher Garten ist zeitlos, es gibt ihn in ähnlicher Form seit Jahrhunderten. Pflanzenmoden mögen kommen und gehen; was sich bewährt, ist in ihm gut aufgehoben.

CARDEN FAVOURITES:

BY

SHIRLEY HIBBERD.

LONDON

GROOMBRIDGE & SONS.

ANBIETER UND VEREINIGUNGEN

HISTORISCHE GARTENPFLANZEN UND RARITÄTEN (ALLGEMEIN)

Staudengärtnerei Alpine Raritäten | Jürgen Peters | Auf dem Flidd 20 | 25436 Uetersen | http://www.Alpine-Peters.de

Sarastro-Stauden | Christian H. Kreß | Ort 131 | 4974 Ort/Innkreis | Österreich | http://www.sarastro-stauden.com

Stauden Junge (insbesondere Farne) | Matthias Großmann | Seeangerweg 1 | 31787 Hameln | http://www.bluetenblatt.de

Stauden Gaissmayer | Staudengärtnerei Gaissmayer | Jungviehweide 3 | 89257 Illertissen | http://www.gaissmayer.de/

MÄRZVEILCHEN UND PARMAVEILCHEN

Groves Nurseries | West Bay Road, Bridport | Dorset DT6 4BA | UK | www.grovesnurseries.co.uk/violet-nurseries/the-violet-nurseries.aspx

HISTORISCHE BLUMENZWIEBELN

Albrecht Hoch | Potsdamer Str. 40 | 14163 Berlin | http://www.albrechthoch.de/index.htm

Zwiebelgarten | Waldstetter Gasse 4 | 73525 Schw. Gmünd | http://www.zwiebelgarten.de/

Peter Nijssen | Bijzondere Bolgewassen | Sportparklaan 25a | 2103 VR Heemstede | Niederlande | http://www.pcnijssen.nl/shop/index.php?act=viewCat&catId=9

REGELIOCYCLUS–IRIS UND ARIL–IRIS

Aril-Society | http://www.arilsociety.org/

PRIMEL– UND AURIKEL–SAMEN

Barnhaven Primroses | 11 rue du pont blanc | 22310 Plestin Les Grèves | Frankreich | http://www.barnhavenprimroses.com

PRIMELN UND AURIKELN

National Auricula and Primula Society (NAPS) | http://www.auriculaandprimula.org.uk

LITERATUR

GRUNDLEGENDES

Zander – Handwörterbuch der Pflanzennamen. | Walter Erhardt, Erich Götz, Nils Bödeker, Siegmund Seybold; Stuttgart: Ulmer 2008, ISBN 3800154080 | *Der »Zander« ist die dt. Autorität hinsichtlich der Gültigkeit botanischer Benennungen von Gartenpflanzen. International nimmt mittlerweile der »Plantfinder« diese Position ein, der überdies auch online zugänglich ist.*

Die Stauden und ihre Lebensbereiche in Gärten und Grünanlagen. | Richard Hansen, Friedrich Stahl; Stuttgart: Ulmer 1997, ISBN 3800166305 | *Grundlegendes Werk über Stauden und ihre Ansprüche für ambitionierte Gartenfreunde; gärtnerische Grundkenntnisse sollte der Leser jedoch schon haben.*

HISTORISCHES

Kaiserkron und Päonien rot. Entdeckung und Einführung unserer Gartenblumen. | Heinz-Dieter Krausch; München: Dölling und Galitz 2003, ISBN 3935549237 | *Grundlegendes Werk zur Geschichte der Pflanzeneinführung in die europäischen Gärten; dabei stehen Gattungen und Arten im Mittelpunkt, weniger die einzelnen Sorten.*

Pflanzenschätze aus alten Gärten (The Vanishing Garden: Conservation Guide to Garden Plants) | Brickell, Christopher und Fay Sharman; Stuttgart: Ulmer 1988, ISBN 3800163691 | *Ein faszinierender Überblick über seltene und selten gewordene Gartenblumen, leider vergriffen, antiquarisch jedoch noch gut erhältlich, ebenso das folgende:*

Florists' Flowers and Societies | Duthie, Ruth; Aylesbury: Shire Publications, 1988, ISBN 0852639538 | *Die grundlegende Arbeit zur Geschichte der englischen Floristenblumen, überdies schön illustriert*

GARTENBLUMEN-MONOGRAPHIEN

Überwiegend in Englisch, deutsche Bücher in diesem Bereich gibt es nur wenige.

Agaleia – Erscheinung und Bedeutung der Akelei in der mittelalterlichen Kunst. | Löber, Karl; Köln: Böhlau Verlag 1988, ISBN 3412054860 | *Kein Pflanzenbuch, sondern eine sehr persönliche, kunsthistorisch ausgerichtete Annäherung an diese zarte Blume. Ebenfalls vergriffen, aber im Online-Antiquariatshandel noch finden.*

Columbines: Aquilegia, Paraquilegia, and Semiaquilegia | Robert Nold; Portland: Timber Press 2003, ISBN 1604692251 | *Eine Übersicht über die gesamte Gattung und ihre Kultur im Garten, nicht so sehr über A. vulgaris allein.*

Die Tulpe: Eine Kulturgeschichte. (The Tulip) | Anna Pavord; Frankfurt: Insel 1999, ISBN 3458169792 | *Dieses Buch ist bereits jetzt ein Klassiker. Die Geschichte der Tulpe, ihre Sorten und Arten werden amüsant und kompetent vorgestellt; auch als Taschenbuch erschienen. Zu den Gebrochenen Tulpen gibt es kaum aktuelle Literatur. Die beiden folgenden englischen Broschüren sind schwer erhältlich, informieren allerdings umfassend und kompetent:*

Old Flames – English florists' tulips. | James Akers (ed.); West Bretton, W. Yorks: Yorkshire Sculpture Park 2006, ISBN 1871480515

The English Florists' Tulip. | Wakefield and North of England Tulip Society | Wakefield 1997, ISBN 0953239209

Zwiebelbibel: Tulpe, Dahlie, Lilie & Co. (Bulbs for All Seasons) | Kathy Brown; München: Callwey 2008, ISBN 376671743X | *Nicht wirklich eine Blumenzwiebel«bibel«, dazu ist dieses Buch nicht umfassend genug, aber immerhin eine aktuelle Übersicht über viele interessante Aspekte der Zwiebelkultur.*

Tulpenwahn: Die verrückteste Spekulation der Geschichte.(Tulipomania: The Story of the World's Most Coveted Flower and the Extraordinary Passions It Aroused) | Mike Dash; München: Claassen Verlag 1999, ISBN-10: 354600177X | *Dieses Buch räumt mit Legenden zur Geschichte des Tulpenwahns auf und liefert dafür einen spannende Geschichte von den Anfängen des bis heute führenden niederländischen Blumenzwiebelhandels. Auch als Taschenbuch erschienen.*

Hyazinthengläser: Geschichte und Tradition. | Joachim Henle; München 2000, ISBN 3980744000 | *Auch wenn das Buch eher für Sammler von Hyazinthenvasen gedacht ist: Man erfährt viel Interessantes über die Geschichte und Kultur insbesondere der Treibhyazinthen.*

Die Aurikel. Geschichte und Kultur einer alten Gartenpflanze. | Brigitte Wachsmuth (Autor), Nickig, Marion (Fotos); überarbeite und ergänzte Neuausgabe Hamburg: Ellert und Richter 2004, ISBN 3-8319-0169-4 |

Die historische Entwicklung der Aurikelkultur, die Sortenvielfalt und ihre Bedürfnisse werden umfassend dargestellt.

Primroses & Polyanthus : A Guide To The Species and Hybrids. | Peter Ward; London: Batsford 1997, ISBN 07134 81838 | *Es gibt erstaunlich wenige Bücher, die sich mit den Frühlingsprimeln ausführlicher beschäftigen. Solange keine Neuerscheinung zu erwarten ist, ist dieses das Standardwerk; leider zur Zeit nur antiquarisch zu finden.*

Dianthus: Old-fashioned Pinks. | Mark Trenear; Woking: National Council for the Conservation of Plants & Gardens 2001, ISBN-10: 0953338757 | *Das NCCPG ist die Vereinigung englischer Pflanzensammlungen. Alle ihre Publikationen sind erstklassige Referenzwerke zu einzelnen Pflanzenarten. Eine Übersicht über die nationalen Sammlungen wird jährlich neu herausgegeben.*
Aktuelle Literatur zu den Alten Nelken ist ausgesprochen rar, hier noch zwei mittlerweile vergriffene englischsprachige Werke:

Carnations and Pinks | Pamela McGeorge, Keith Hammett; Tonawanda (NY): Firefly Books 2002, ISBN 1552975533

Carnations and Pinks for Garden and Greenhouse | John Galbally, Eileen Galbally; Portland: Timber Press 1997, ISBN 0881923826

Violets: The History & Cultivation of Scented Violets | Roy E. Coombs; London: Batsford 2003, ISBN: 071348831X | *Das Standardwerk zur Geschichte, Kultur und Sortenvielfalt der Duftveilchen*

Einzug der Gräser und Farne in die Gärten | Karl Foerster, Bernhard Röllich; 7. Auflage Stuttgart: Neumann 1988, ISBN 3800163659 | *Immer noch ein Klassiker, wenn auch nicht mehr in jeder Hinsicht aktuell.*

Encyclopedia of Garden Ferns | Sue Olsen; Portland: Timber Press 2007, ISBN 0881928194 | *Das derzeitige Standardwerk.*

Snowdrops: A Monograph of Cultivated Galanthus. | M. Bishop , A. Davis , John Grimshaw; Cheltenham (UK): Griffin Press 2006, ISBN 0954191609 | *Die »Schneeglöckchenbibel«; weit über vierhundert Sorten von Gartenschneeglöckchen werden kompetent beschrieben*
Die große Popularität der Lenzrosen in den letzten Jahren hat auch im Buchbereich ihren Niederschlag gefunden, hier zwei aktuellere

Werke:

Helleborus. | Hanneke van Dijk, Harry van Trier; Stuttgart: Ulmer 2006, ISBN 3800149125 | *Aus dem Niederländischen übersetzt, eher für Einsteiger, weniger für fortgeschrittene Liebhaber*

Hellebores: A Comprehensive Guide | Judith Tyler (Autor), C. Colston Burrell (Fotos); Portland: Timber Press 2006, ISBN 0881927651 | *Im Augenblick das Standardwerk – ein Muss für alle Helleborusverrückten*

The New Encyclopedia of Hostas. | Diana Grenfell, Michael Shadrack; Portland: Timber Press 2009, ISBN 0881929603 | *In den letzten Jahren sind zahlreiche Hosta-Bücher erschienen; dieses Buch zeichnet sich durch höchste Sachkompetenz aus.*

BLUMENMALER, FLORILEGIEN

Die Pflanzenwelt des Hortus Eystettensis. Ein Buch lebt. | Brun Appel, Werner Dressendörfer, Hans-Otto Keunecke; München: Schirmer/Mosel 1998, ISBN 3888144442 | *Faksimiles des »Gartens von Eichstätt« sind mittlerweile weitverbreitet, die Tafeln damit auch einer weiteren Öffentlichkeit zugänglich. Dieses Buch gibt zusätzliche wertvolle Informationen zu historischen und botanischen Einzelaspekten.*

Die Blumenbücher des Hans Simon Holtzbecker und Hamburgs Lustgärten. | Dietrich Roth (Hg.), Keltern-Weiler: Goecke& Evers 2003, ISBN 3931374386 | *Der lange vergessene Blumenmaler wird umfassend gewürdigt und gleichzeitig ein faszinierender Einblick in die norddeutsche Gartenkultur gewährt.*

Flora Exotica: Ein botanisches Prachtwerk von 1720. | Adrian von Buttlar, Helga de Cuveland, Marie-Louise von Plessen (Hg.); Ostfildern: Hatje Cantz 1999 – ISBN 3775708375 | *Der Titel lässt kaum erahnen, dass hier ein einmaliges Florilegium aus der tiefsten schleswig-holsteinischen Provinz vorgestellt wird.*

Karlsruher Tulpen-Buch | Gerhard Stamm (Einführung); Karlsruhe: Badische Bibliotheksgesellschaft 1984, ISBN 3890650066 | *Der exklusive Bildband versammelt die Blumen des Karlsruher Barockgartens. Das seltene Werk ist glücklicherweise auch online zugänglich.*

Ehret – Flower Painter Extraordinary. | Gerta Calman; Oxford: Phaidon 1977, ISBN 0821207075 | *Neben dem bekannten Pierre-Joseph Redouté werden die anderen großen*

Blumenmaler leicht übersehen: Wer seine Werke kennt, wird Georg Dionysius Ehret zumindest als gleichrangig betrachten, die wissenschaftliche Bedeutung seiner Zeichnungen kann ohnehin nicht hoch genug eingeschätzt werden.

BILDNACHWEIS

akg-images/Rabatti-Domingie: **S. 10** | *Archiv der Autorin:* **S. 3, 6/7, 9, 23, 30, 32, 48, 62, 64, 66, 70, 77, 84, 87, 91, 96, 98, 119, 129, 132** | *bpk / Kupfer-stichkabinett, SMB / Jörg P. Anders:* **S. 35** | *Kriemhild Finken:* **S. 131** | *Fotolia/Anette Linnea Rasmus:* **S. 110** | *Allan Guest, Großbritannien:* **S. 64** | *Stephen Jackson, Ilkeston, Großbritannien:* **S. 45, 76** | *Würt-tembergische Landesbibliothek:* (Weinmann, *Eigentliche Dar-stellung Einiger Tausend in allen vier Welt-Theilen gewachsener Bäume, Stauden, Kräuter, Blumen, Früchte und Schwämme, 1735):* **S. 15, 24, 31, 44, 50, 103** | (Kniphof, *Botanica in originali seu herbarium vivum, 1757–1758):* **S. 58** | *Alle anderen Fotos:* **ANDREAS KÜHLKEN/MEDIENFABRIK**